ELOGIOS RECIBIDOS PARA

# CONVERSACIONES *con* MARÍA

"La hora ha llegado para que todos prestemos atención al mensaje de María de amor, paz y sanación".

—Christiane Northrup, MD,
autora del bestseller del *New York Times*
*Women's Bodies, Women's Wisdom,*
and *Goddesses Never Age*

"Un hermoso y enfático libro que muestra a la Divina Madre más accesible para todos. Las meditaciones son especialmente bellas".

—Tosha Silver,
autora de *Ábrete a lo inesperado*

"Fascinante y provocativo... Ofrece sabiduría y consuelo para todos".

—*Huffington Post*

"Una guía profunda e inspiradora sobre la espiritualidad moderna".

—*In Touch*

# CONVERSACIONES

## con

# MARÍA

*Mensajes de amor, sanación, esperanza y unidad para todos*

# ANNA RAIMONDI

**ATRIA** ESPAÑOL

NUEVA YORK  LONDRES  TORONTO  SÍDNEY  NUEVA DELHI

**ATRIA**
ESPAÑOL

Atria Español
Un sello de Simon & Schuster, Inc.
1230 Avenida de las Américas
Nueva York, NY 10020

Primera edición en rústica de Atria Español noviembre 2018

**ATRIA** ESPAÑOL y su colofón son sellos editoriales de
Simon & Schuster, Inc.

Para obtener información respecto a descuentos especiales en ventas al
por mayor, diríjase a Simon & Schuster Special Sales al 1-866-506-1949
o al siguiente correo electrónico: business@simonandschuster.com.

La Oficina de Oradores (Speakers Bureau) de Simon & Schuster
puede presentar autores en cualquiera de sus eventos en vivo. Para
obtener más información o para hacer una reservación para un evento,
llame al Speakers Bureau de Simon & Schuster, 1-866-248-3049
o visite nuestra página web en www.simonspeakers.com.

*Diseñado por Suet Chong*
*Estampado floral por Nataliia Litovchenko / Shutterstock, Inc.*

Impreso en los Estados Unidos de América

10 9 8 7 6 5 4 3 2 1

Un registro de catálogo para este libro está disponible en la Biblioteca del Congreso.

ISBN 978-1-5011-8724-7
ISBN 978-1-5011-8725-4 (ebook)

*Este libro está dedicado a ti, lector,*
*y a las personas en cualquier sitio que busquen*
*una conexión con Dios, Alá, Jehová o el poder del*
*universo. Oro por que este libro abra tu mente*
*y tu corazón a medida que despierta tu alma.*
*Espero que permitas que la energía sanadora*
*y el amor perdurable de María te guíen*
*en tu jornada por la vida.*

*Que puedas abrir los oídos y el corazón*

*ante mí, la Madre, para guiarte*

*y llevarte hacia la paz.*

# CONTENIDO

# NOTA AL LECTOR

Este libro es, en esencia, una conversación. Las conversaciones se desarrollan, divagan, se profundizan y, cuando son buenas, inspiran un nuevo diálogo. En estas páginas tendrás la oportunidad de leer los mensajes de María para todos nosotros pues fue ella quien, utilizándome a mí, escribió este libro. Aunque estos capítulos se basan en temas, ¡María tiene sus propias ideas sobre estas conversaciones y sobre lo que a ella le gustaría conversar! Por lo tanto, esos temas pueden coincidir o desviarse del tema inicial de cada capítulo, pero tengo la esperanza (y ella también, por supuesto) de que esta conversación suba y baje un poco como una ola, conduciendo al lector desde un segmento de sabiduría hacia el próximo.

Debe también observarse que toda referencia a Dios en este libro es la de un Dios para todas las personas. Dios no pertenece a un grupo o a otro. Él nos ama a todos. Aprenderás en estas páginas que María, en sus conversaciones, no discrimina entre religiones y enseñanzas religiosas. Dios es un poder por encima de todos, el Creador del universo y una perfecta energía de Amor. Dios no tiene género, pero en este libro se usa el pronombre "él" por una cuestión práctica. Por favor, recuerden que María es para todas las personas. Ella repite esto constantemente; somos sus hijos independientemente de nuestra religión o creencia espiritual. Ella es la madre universal de la humanidad. Su manta es amplia y quiere que todos busquen refugio bajo ella. Además, que no haya duda alguna: *No fue tu decisión escoger este libro para leerlo; María lo escogió para ti porque lo necesitas.*

He recibido instrucciones de María de añadir meditaciones específicas al final de cada capítulo. Es su esperanza que realices estas meditaciones después de leer cada capítulo. La meta es capacitarte a ti, lector, a entrar en un estado de gracia y poder recibir sus palabras no solamente con tu mente sino también con el corazón y el alma. En las páginas siguientes aparecen varias guías para aprovechar al máximo tus meditaciones. Estoy convencida de que con devoción y concentración puedes oír a María y/o sentirla como lo hago yo. Que Dios te bendiga y esté contigo en tu despertar espiritual a través de las meditaciones que aparecen en estas páginas, así como a través de los mensajes que te ofrece María.

# SUGERENCIAS PARA LAS MEDITACIONES

+ Si nunca has meditado, es posible que requieras alguna práctica para apagar tu mente y sólo permitirte "existir". Creo que vas a descubrir que mientras más meditas, más fácil te resultará conectar con la energía de Dios y todo lo que haya en el ámbito Divino.

+ Medita en un momento en el que sabes que nadie te va a interrumpir. Apaga todos tus aparatos electrónicos, tales como teléfonos, televisión, computadoras, etc. Busca un lugar tranquilo. Es mejor sentarte con tu espalda apoyada en lugar de acostarte para que te mantengas despierto.

+ Mantén tus expectativas simples y deja que la meditación sea lo que es. No hay necesidad de pensar demasiado.

+ Cuando medites tu meta debe ser estar en el momento, no mirar al pasado ni al futuro. Es una manera de rendirte y abrir tu alma y todo lo que eres ante Dios (a nuestros egos no les gusta esto pues es un lugar de "no pensar" que no pueden controlar).

+ A muchas personas les da por hablar banalidades o caer en una vertiente de pensamientos cuando intentan meditar. Esto es muy común. Me gusta pensar que es el ego gritándote que mantengas el control y concentrándote en los problemas cotidianos y otros temas en lugar de estar en el momento. Sencillamente imagina que estos pensamientos se alejan de ti flotando bajo la promesa silente de que ya te ocuparás de ellos más tarde.

+ Parte de la meditación es el acto de concentrarse en la respiración. Muchas personas han descubierto que enfocándose en la respiración logran mantenerse en el presente. Si encuentras que te ayuda a enfocarte en la respiración, trata de aspirar por la nariz y exhalar por la boca o la nariz, lo que te sea más cómodo.

+ Trata de que las preocupaciones y el estrés no entren en tu cuerpo.

+ Considera proyectar una intención o tal vez orar mentalmente antes de la meditación. La intención puede ser tan simple como "ayúdame a abrir mi corazón", o puedes tener algo más específico respecto a tus necesidades personales o las de tu familia.

+ Aunque a mí me gusta meditar en silencio, a muchas personas les gusta escuchar alguna música de meditación. Puedes experimentar y encontrar la mejor manera de lograr una experiencia meditativa fenomenal.

+ Si lo deseas, puedes grabar el texto que se presenta en cada capítulo y escucharlo cuando estés meditando, o tal vez prefieras leerlo primero y luego representar la imagen en tu imaginación.

+ Mantén la fe de que el cielo te ayudará a llegar a ese lugar y a conectar con tu alma y con Dios. Preséntate a todo el ámbito celestial a fin de que te puedan señalar el camino.

+ Pídele a Dios que te proteja y te guíe al conectar con tu alma.

# CONVERSACIONES con MARÍA

# PREFACIO

Hubo dos marcados eventos que me atrajeron hacia María. El primero tuvo lugar cuando yo tenía cinco años. Todavía puedo sentir la calidez dorada de aquella tarde de primavera. Rosas color carmesí y delicadas flores rosadas trepaban y atravesaban una pequeña cerca de jardín pintada de blanco. Yo estaba sola en el traspatio de la casa donde vivía con mi familia en un suburbio de Long Island. Era un jardín residencial como muchos otros con un hermoso césped verde, un sólido manzano creciendo en el centro, y en la parte derecha del césped un columpio que mi padre había construido y pintado con franjas rojas y blancas. Había también una pequeña gruta frente al manzano que alguna vez había sido ocupada por una estatua de María. Hacía tiempo que la estatua no estaba en la gruta, probablemente estaba rota y nunca fue remplazada. Recuerdo que yo llevaba puesto un mini-vestido verde olivo con lunares blancos que mi madre me había hecho. Como cualquier otra niña en esos primeros días cálidos de primavera, me sentía feliz de estar libre del restringido ropaje de invierno. Tal como lo había hecho varias veces antes, esa tarde deslicé mi cuerpo dentro del espacio que ocupaba la estatua. Simplemente me senté y disfruté de la maravilla de ese día. Yo era ese tipo de niña. Mis ojos eran grandes y siempre absorbían el mundo a mi alrededor. Era capaz de sentir la naturaleza y sus maravillas. El fresco y nítido olor del denso césped era casi tangible. La suave brisa me intensificaba los sentidos y me hacía consciente de todo lo que me rodeaba: lo que era visible y lo que no lo era. Oía el suave murmullo de la aspiradora que mi madre movía dentro de la pequeña casa, mientras en el estéreo se oía a todo volumen la voz de Vikki Carr cantando "It Must Be Him" (Debe ser él).

Entonces, aún sentada en la gruta, un sentimiento de paz pura e íntegra se apoderó de mi cuerpo. Me sentí cautivada de emoción a pesar de no tener un punto de referencia que explicara la razón. Cada uno de mis sentidos se agudizó. Sentí la frialdad de la piedra debajo de mis pequeñas manos, su sólida y suave superficie bajo mis muslos y mi trasero. Olí el aroma dulce de las lilas que adornaban el perímetro del traspatio. No me atreví a moverme por miedo a que el estado pasara. Escuché gorriones cambiando de ramas en el manzano detrás de mí y sentí como gorjeaban sus cantos de la mañana hacia el mundo. Y fue entonces, en medio de la sinfonía de sonidos, que sentí la voz de ella. Suave, pero fuerte. Me dijo: "Anna, estoy aquí a tu disposición siempre. Acude a mí siempre". Un amor incondicional y absoluto se apoderó de mí; un sentimiento que era y continúa siendo tan extraordinario y difícil de describir con palabras. Yo sé que la gente siempre dice eso, pero es muy cierto: Nuestro lenguaje es demasiado limitado para verbalizar sentimientos espirituales o describir el formidable sentimiento de la presencia de María.

No podía moverme. No quería moverme por temor a que esta sensación me abandonara. Y entonces, súbitamente, allí estaba ella, directamente frente a mí. María me sonreía; sus manos se extendieron hacia mí. Yo no hice nada; estaba atónita. Paralizada. Supe sin duda alguna que era María, aunque no se parecía a las imágenes que había visto en libros o en las iglesias. Vestía una especie de toga muy usada; la tela parecía áspera, pero irradiaba calidez. Llevaba un vestido marrón claro debajo de la toga. Tenía piel aceitunada, ojos grandes y suaves color caoba y el pelo color café que le llegaba a la cintura donde llevaba amarrado un cinturón de soga que le sostenía el vestido. Llevaba en la cabeza un adorno de color bronceado, pero sin capucha. Su rostro proyectaba reposo. Sus ojos penetrantes captaron mi atención y se comunicaron conmigo de una manera que sólo puedo describir como si le hablaran directamente a mi corazón. No solamente escuché sus palabras, sino que se mezclaron con mi esencia más verdadera: mi alma. Yo no quería que este éxtasis terminara. Recuerdo que estuve sentada ahí por lo que parecieron horas, catatónica, disfrutando del amor arrollador de esta hermosa visión. Más tarde le conté a mis amiguitos y amiguitas acerca de la Dama en la gruta y jugábamos a que hablábamos con ella, pidiéndole que hiciera realidad nuestros sueños. Éramos niños, abiertos a todos los milagros que Dios nos pusiera delante. La sensación de esa primera vez aún permanece en mí y hace que mi corazón se salte un latido. Y eso, creo yo, es lo que provoca en todos nosotros el amor perfecto. Sé lo que es el amor perfecto. María me lo mostró.

Me quedé sentada un rato en la gruta. Era como si ella me hubiera envuelto en una íntima manta de amor cálido. Cuando finalmente regresé a la casa, el sol todavía besaba el árbol de mimosa junto a la puerta trasera, sus flores rosadas elevándose para abrazar el calor de los rayos solares. Todo parecía estar quieto; los pájaros gorjeaban suavemente. La música que venía de la casa se había atenuado; ahora la voz melosa de Dean Martin había remplazado a Vikki Carr. Subí los escalones que dan a la puerta trasera y vi a mi madre frente a mí, sentada a la mesa marrón oscura de la cocina. Estaba tomándose una taza de café y fumando lentamente un cigarrillo. Mi madre era joven en ese entonces, tenía alrededor de veintiséis años. Recuerdo que vestía pantalones blancos. La casa olía a pulimento y lejía y al fuerte aroma del café; el humo del cigarrillo flotaba y dejaba un olor a rancio.

Me senté en la silla frente a ella con mis pies colgando. Le pregunté si alguna vez había visto o hablado con María. Sin alzar la cabeza aspiró una bocanada del cigarrillo y continuó hojeando su revista.

—¿Qué María? —preguntó.

—María, la señora de la iglesia —respondí cautelosa.

Mi madre levantó la cabeza. Sus ojos se posaron en los míos. Transcurrió un largo silencio antes de colocar su cigarrillo en el cenicero y, con la mayor certeza que pudo, me dijo que quería saber de qué se trataba todo esto. Le conté lo que había visto y que María me había hablado. No se asombró tanto ni actuó con tanto desdén como yo imaginaba que lo habría hecho cualquier otra persona adulta. Uno tiene que entender que mi madre era creyente mucho antes que yo. Mis dos padres eran profundamente religiosos. Ella cuidadosamente expresó que creía que había personas verdaderamente dotadas y que, si yo había visto a María, debía seguir orando y creyendo. Mi confesión resultó ser una jubilosa ocasión para mi familia. Cuando mi padre se enteró de nuestra conversación, reaccionó exactamente igual que mi madre.

Mirando atrás, me doy cuenta de que esta fue la manera más perfecta en que María se presentó ante mí y en el momento más ideal de mi vida. Yo no era más que una niña, aún no marcada por las costumbres o el juicio de los demás. Yo actuaba con el corazón y en armonía con el alma. Sentía el poder de Dios en la naturaleza, pero era demasiado joven para darle voz. María alivió todos mis temores y su amor me envolvió y me sostuvo. Había algo acerca de su belleza, su serenidad y su amor que me llenó de una fe inmediata. En mi inocencia, no tuve razones para cuestionar por qué ella se acercaba a mí y cómo eso era posible. Lo único que puedo decir es que fue una experiencia profunda.

Aunque ahora la oigo y la siento en todo lo que hago, nunca más la he vuelto a ver realmente de aquella manera. Trato de no cuestionar por qué y entiendo ahora, tras días de abrigar la esperanza de verla otra vez, que realmente no necesito verla con mis ojos. Es mucho más importante sentir su presencia alrededor mío y dentro de mí, conectándome realmente con su esencia. No importa cuál sea su apariencia; lo que dice y cómo me hace sentir es mucho más significativo.

Varias décadas más tarde, un día en que el frío cortaba en el invierno de 1989, salía del edificio donde trabajaba cubierta por un abrigo grueso con el zíper cerrado hasta la barbilla y mis ojos asomándose debajo de un gorro tejido de esquiar. Era la hora de almuerzo. Tenía veinte y tantos años y sentía que mi vida no tenía rumbo. Estaba casada y añoraba tener un hijo, pero no podía concebir; mi trabajo no me satisfacía y sentía que vivía como un robot haciéndolo todo sin ninguna pasión. Estaba desilusionada de la vida y cayendo en una depresión. En esa época, trabajaba en la Avenida Madison de Nueva York y detestaba mi trabajo, lo cual contribuía a mi sensación de estar perdida y vacía. Me sentía atrapada en un rumbo donde no quería transitar. Es más, me sentía como si alguien me hubiera metido una mano sucia dentro del pecho y me estuviera arrancando el corazón que latía lentamente. Me estaba sumando a la infrenable y agotadora carrera en que la gente enloquecía por alcanzar fortuna y poder, y estaba rebelándome, a un nivel emocional y espiritual. El mundo de los negocios era más que lo que yo podía manejar. Era cruel y agresivo. Nada de eso funcionaba para mí.

Mientras seguía caminando, el viento me golpeaba las mejillas sin piedad y me sacaba lágrimas. La Avenida Madison estaba llena de gente andando de prisa, yendo de un lado a otro, todos con un propósito. Me sentí como si estuviera abriéndome paso a empujones por la calle. Esta era mi vida. Me sentía adolorida e incómoda física y emocionalmente. No sabía a dónde dirigirme para sentirme viva otra vez. Y entonces, en ese laberinto de gente, entre el resonar de una sirena, el denso quejido de un autobús municipal y el golpetear de una espátula proveniente de un puesto de comida callejero, oí un suave susurro; sentí una presencia relajante que me dijo que fuera hacia María. No me detuve a pensar, mis pies parecían moverse por su propia voluntad y me dirigí hacia el sur a la Catedral de San Patricio.

Al entrar en la catedral, me acogió el acerbo aroma del incienso. El intermitente resplandor amarillo y anaranjado de las velas alumbraba el oscuro templo mientras la gente deambulaba alrededor, algunos orando, otros simplemente aceptando impactados la magnificencia de la estructura. Me dirigí a la capilla de la Dama. Acercándome al pequeño santuario hurgué en mi cartera buscando monedas para prender una vela. La quietud era casi surrealista comparada con la ruidosa ciudad afuera. Me encogí ante el sonido de las monedas al caer en la caja de ofrendas. Prendí una pequeña vela de oración color perla en la fila superior de la desvencijada plataforma de hierro. Permanecí de pie, con la mirada fija. La llama tembló inicialmente pero enseguida creció, absorbiendo el aire a su alrededor. Una idea me invadió: ¿estaba acaso yo estancada en un momento débil de mi vida? Me sentía muy insustancial y vacía. No atiné a invocar una intención de orar cuando prendí la vela. La luz en la capilla deslumbraba y la prominente estatua de María se alzaba sobre la docena de bancos usados color avellanado frente a ella. Encontré un espacio desocupado atrás, me arrodillé y dejé que las lágrimas corrieran flagrantemente. Al comenzar a rezar fervientemente el rosario, utilizando mis dedos en lugar de las cuentas, me invadió una tranquilidad. Sentí que la furiosa tormenta que habitaba mi corazón se había aplacado. Las lágrimas cesaron y escuché a María. Me dijo que todo estaba bien; que había llevado mis oraciones a Dios y que fueron respondidas. Me dio esperanza; le creí y en ese momento supe que todo iba a estar bien. Me sentí como alguien que aspiraba paz en el alma. Alcé mi mirada hacia la estatua de María frente a mí y mi corazón palpitaba lleno de gratitud. Mi rostro aún estaba marcado por lo que quedaba de mis lágrimas y lo que vi entonces me quitó el aliento. Un bebé varón, envuelto en una reluciente manta color marfil reposaba en los brazos de la estatua de María. Yo estaba paralizada. El corazón me comenzó a latir incontrolablemente en el pecho. La experiencia era emocionante. María me dio instrucciones de mirar a los luminosos ojos pardos del bebé. Y me dijo: "Cuando él venga a ti, lo reconocerás por los ojos. Y sentirás las bendiciones de Dios". En septiembre de 1990 nació mi hijo. Recuerdo haber mirado sus cálidos ojos pardos y saber que Dios estaba bendiciendo a mi familia.

Veintiséis años más tarde, en el otoño de 2015, María vino a mí una tarde cuando yo estaba sentada afuera de mi casa en Connecticut. Acababa de regresar de Medjugorje, una región en Bosnia y Herzegovina conocida por ser el sitio donde María se le apareció a seis niños locales en 1981. Estos niños describieron a María como una mujer vestida con una bata blanca y una corona con doce estrellas en la cabeza y que aguantaba un bebé en sus brazos. María se les apareció a los niños muchas veces y continúa apareciéndosele todos los meses a una de ellos, Mirjana Dragicevic, quien sigue viviendo en Medjugorje. Peregrinos procedentes de todo el mundo todavía acuden a este pequeño pueblo rural para estar expuestos a la energía de María.

Ya de regreso a casa, estaba relajada en una vieja silla de teca, con los pies en pantuflas apoyados cómodamente sobre el muro de piedra gris en el borde de la plataforma del patio y pensando en el viaje. Me di cuenta de que no me sentía más cerca de María que antes del viaje. Y de pronto me percaté que no necesitaba viajar al otro lado del mundo para encontrarla porque siempre ha estado conmigo. Esta realización pareció calmarme y me trajo paz.

Las ranas croaban en el bosque y a ratos se oía el sonido de algún otro animalito escurriéndose o la sombra de un pájaro volando de rama en rama. Miré hacia el cielo. Me deslumbró su vastedad. Las estrellas brillaban y recordé sentirme tan minúscula, tan insignificante en la inmensidad de todo esto. Sentí el vigoroso palpitar de mi corazón mientras me envolvía el cielo. Contemplé el cielo durante lo que me parecieron horas, aunque probablemente fueron apenas unos minutos. Entonces comencé a sentir a María... entraba flotando en mis sentidos y yo le daba la bienvenida. María me dijo de manera suave pero enfática que ella era la madre de la humanidad y que deseaba utilizarme como un canal para llevar su mensaje a multitudes de personas de todas las religiones, etnias y razas. Dijo que el momento había llegado de aprender a acercarnos a Dios y encontrar gozo y paz en nuestras vidas.

Aunque era gentil, había cierta urgencia en su tono. Sentí una sensación de pánico. María calmó mis temores y me dijo que ella hablaría a través de mí para que el mundo pudiera salvarse. Dijo que habría más y más personas que la escucharían a través de mí y que se sentirán atraídas a la luz Divina. Me aseguró que me traería a las personas apropiadas. Y en poco tiempo eso fue lo que ocurrió. Varios caminos e introducciones me llevaron al vehículo que María quería que yo utilizara: este libro que tienes en las manos. Hace dos años no tenía un solo pensamiento acerca de escribir y, sin embargo, poco tiempo después de esa noche cerré un trato con una de las casas editoriales más prominentes del mundo. No transcurrió mucho tiempo antes de que las primeras palabras de este libro estuvieran escribiéndose en la pantalla de mi computadora, de María a través de mí. Esta es la manera en que ella quería que el mundo la oyera y me siento muy honrada de ser la persona que ella escogió para difundir sus palabras. Y yo sé, sin duda alguna, que este es sólo el comienzo.

# INTRODUCCIÓN

Siempre he sentido un profundo deber de compartir con otras personas la María que yo había llegado a conocer a través de los años. Esto finalmente condujo a grandes seminarios, retiros y clases que enseñaban cómo conectar con María, sentir su presencia y oír su voz. Cuando me comunico con ella, casi siempre "aparece" como un sentimiento abrumador, incondicional y alimentado de amor. También oigo claramente su voz fuerte y a la vez llena de amor. Es de esta manera que entiendo lo que ella desea transmitirme. María ha optado por venir hacia mí de esta manera. Ella es tan real para mí como puede serlo cualquier otra persona física. Un estado de paz se apodera de mi cuerpo mientras mis pensamientos inmediatamente se hacen a un lado y me envuelve una sensación de pura euforia y éxtasis. Es un sentimiento que desafía toda explicación. Es tan complicado como tratar de definir el amor... porque es eso lo que verdaderamente es. Dios es amor.

María es amor tal como Dios es amor y tal como somos creados en la imagen del amor. María me ha guiado y ha viajado conmigo en la jornada de esta vida para hacer surgir su curación y su amor hacia TODAS la personas. Ella no me habla de divisiones religiosas y étnicas, sino que me habla de unidad y de la naturaleza singular de la humanidad. María no dicta la manera en que deben ser las cosas, sino la manera en que pueden lograr paz, amor y, más importante aún, la unión con Dios a través de nuestros corazones y almas. María me habla de la manera en que podrían ser las cosas si abriéramos los ojos y despertáramos a la Verdad que se aplica a todo.

Aunque las personas a menudo asocian a María con el Catolicismo Romano, ella no pertenece a ninguna religión específica o a un grupo de personas. María es mucho más que eso. Es más, para verdaderamente apreciar las conversaciones que este libro abarca es importante para ti, el lector, tener claridad sobre quién es la Madre María a un nivel global.

María es conocida en varias religiones y sociedades. Ella ha sido nombrada de diferentes maneras, como Quan Yin y María Kannon, dependiendo de la religión y la cultura. Cristianos y musulmanes veneran a María como la madre de Jesús. Por cierto, es más mencionada en el Corán que en el Nuevo Testamento. También la admiran los judíos y otros como una figura de fortaleza y coraje femenino.

Según el Corán, María, "una santa mujer" (*siddiqah*) estaba destinada, junto con su hijo Jesús, a ser "una señal (*ayah*) para el universo" (Corán Los Profetas XXI:91) y representar un rol único en la historia de la salvación. María se menciona frecuentemente en el Corán y la mayoría de los musulmanes la ven como una de las mujeres de mayor virtud que haya vivido jamás. La tradición musulmana, como la cristiana, honra su memoria en Matariyyah, cerca de Cairo, y en Jerusalén. Los musulmanes también visitan el Baño de María en Jerusalén, donde la tradición musulmana cuenta que María una vez se bañó, y este sitio recibe la visita de mujeres en busca de una cura para la infertilidad. El nacimiento de María se narra en el Corán con referencias a su padre y a su madre. El padre de María se llamaba Amran (Imran en árabe) en la tradición y es el equivalente a Joaquín en la tradición cristiana. Su madre se llamaba Anne (Hannah en árabe), que es el mismo nombre que en la tradición cristiana (Santa Ana). La literatura musulmana narra que Amran y su esposa eran mayores y sin hijos y que un día, al ver a un pájaro alimentando a su pichón en un árbol, Anne sintió el deseo de tener descendencia. Oró a Dios para que hiciera realidad su deseo y prometió que si su oración se aceptaba, se dedicaría al servicio de Dios.

Los judíos respetan a María como una mujer judía de linaje, fortaleza y carácter. Se crió en un hogar judío, practicaba las tradiciones religiosas judías y, según algunos eruditos, proviene de la casa y el linaje de David. Su famoso Magníficat (Lucas 1:46-55) guarda cierta similitud con las oraciones de alabanza de Hannah que aparecen en 1 Samuel 2 del Antiguo Testamento.

Los budistas de Mahayana adoran a María Kannon, conocida también como Quan Yin, quien de manera similar a la Madre María en las tradiciones cristianas encarna el amor y la compasión de la madre. Aun en la actualidad, los budistas en Japón y Asia adoran ampliamente a Kannon. Al igual que la Madre María, Kannon es una expresión del aspecto femenino de lo Divino, una personificación de amor y compasión, una figura salvadora en tiempos de calamidad, y una hacedora de milagros. Se presenta ante sus seguidores como una gentil dama de belleza celestial, a veces exudando aromas de flores dulces (en la tradición cristiana ella se da a conocer trayendo consigo fragancias de rosas). En China se lea conoce como Quan Yin (La que oye todas las oraciones del mundo).

Al igual que la Madre María, se ha dicho que la Quan Yin/ María Kannon de China vivió una vida humana de extremos sacrificios y santidad antes de ascender al cielo y convertirse en la Diosa de Misericordia y Compasión. Desde su ascensión, ella ha estado apareciendo como "una mujer vestida de blanco" ante aquellas personas que necesitan ayuda. Sus seguidores responden a sus cuidados de amor, honrándola en su cumpleaños y peregrinando hacia sus lugares santos en montañas, cuevas y templos. Ha habido apariciones suyas en P'u-t'o Sha en la Cueva de Sonidos de las Corrientes, donde una brillante luz los alumbró milagrosamente y Quan Yin apareció sentada en una piedra encima de la cueva. Esto es similar a las apariciones de María en Fátima y en otros sitios alrededor del mundo.

Nuestra Señora de Guadalupe es una de las imágenes más reproducidas de la historia. La imagen de María es parte de la joyería de diseño que se vende en tiendas por departamentos y en pequeñas boutiques en todo el mundo. La revista *National Geographic* publicó recientemente una crónica sobre María que se regó por todo el mundo. Mark Burnett y Roma Downey produjeron dos exitosas miniseries, *La Biblia* y *A.D. La Biblia continúa*, en las que la Madre María es representada como una mujer particularmente fascinante y de múltiples facetas.

Los mensajes de María son globales, futuristas y transformativos. Cuando le pregunté por qué desea ser más relevante tanto para cristianos como no cristianos, me dijo que su tiempo es ahora y que la gente alrededor del mundo finalmente está escuchando. Estamos clamando por ayuda, dice ella, estamos deseando un sentido más profundo de cómo el cielo puede aliviar nuestras cargas. Estamos en busca de nuestros valores espirituales individuales, un despertar y una forma de paz. María me ha dicho que como especie humana somos capaces de aceptar sus mensajes con corazones abiertos y sin temor a ser juzgados. Ella mantiene que no deberían existir fronteras entre religiones, etnias o razas. Insiste en que necesitamos vernos a nosotros mismos y al Creador en cada persona que conocemos porque todos somos hijos de Dios.

Entre sus otros atributos, la humildad de María, su fortaleza, perseverancia, amor y fe nos atraen hacia ella, pero su humanidad la hace uno de nosotros. María no es solamente un venerado ícono espiritual; fue una persona real. Su historia habla de su sentido de la humanidad: su gozo, amor, fe y dolor. Ella fue una adolescente encinta que luchó contra las normas sociales de su cultura, tuvo que huir como refugiada con un niño hacia una tierra extraña para evitar una acción militar (Herodes ordenó la muerte de todos los niños de dos años o menos en Belén), lidió con disturbios políticos relacionados con su hijo y, finalmente, presenció su tortura y su muerte. Esta valiente y audaz mujer es capaz de sentir amor y dolor, y puede además simpatizar con nuestra angustia. Como tal, María es más propensa a identificarse con otras personas y puede ser un vínculo familiar y accesible con el cielo. Ella es un símbolo tangible de sufrimiento, sacrificio, valores inalterables y un amor femenino incondicional. Al traernos a Jesús —sanador, salvador, profeta— ella se coronó como la madre de todos nosotros. Está con nosotros mediante la tarea de vivir en este mundo, ayudándonos a renovar quiénes somos espiritualmente.

# 1

# ¿Por qué vienes a nosotros?

## *¿Cómo nos habla María y por qué lo hace ahora?*

ANNA: Madre María, estoy tan agradecida no sólo por mí sino también por tantos otros que han sido llamados para leer tus palabras en este libro. Antes de hablar de por qué estás aquí, quiero entender quién eres. Hay tan poco escrito sobre ti. ¿Necesitamos saber más?

MARÍA: ¡Me da mucho placer que me permitas hablar contigo y el mundo! Te doy a ti y a todos aquellos que me escuchan entrada en mi corazón lleno de amor. Sí, lo que dices es cierto: se ha escrito muy poco sobre mí y, sin embargo, continúo hablando a través de aquellos que me ven, me oyen y me sienten. He hablado a través de personas desde hace mucho tiempo. Tal como se ha escrito, "Quién tenga oídos para oír, que oiga" (Marcos 4:9). Ésta es mi oración. Deseo que la gente no sólo oiga mis palabras sino que también permita que mi sabiduría forme parte de sus vidas. Permíteme ser tu madre, tu confidente y tu maestra. Sigan mi verdad para que yo pueda guiarlos a todos hacia Dios. Lo poco que se ha escrito sobre mí en textos religiosos se refiere a una mujer joven que con profunda fe siguió la voluntad de Dios. Fui escogida y obedecí. Perdí a mi hijo en una muerte horrible. Mi jornada ha incluido un dolor insoportable… sin embargo, Dios me dio la fortaleza para continuar. Mi vida tuvo méritos y fue importante. No hay vida que no sea significativa. Cada vida toca otras vidas y entreteje los hilos que crean la alfombra de la humanidad. Mi vida es un ejemplo de verdadera fe y amor hacia Dios. Mi vida no fue perfecta pero mi amor sí lo fue. Lo más relevante no es lo que yo fui en la tierra sino los mensajes que quiero que surjan ahora.

ANNA: Para ti, una mujer de pura fe, ¿cómo fue la experiencia de perder un hijo?

MARÍA: La agonía que sentí y las lágrimas que derramé siguen conmigo. No existe un dolor más profundo. Mi corazón llora ahora por todos los que deben sufrir el dolor de perder un hijo. Los padres están vinculados a sus hijos a través de un amor que es lo más incondicional que se conoce en la tierra. Y aunque con el transcurso del tiempo yo comencé a reconocer el propósito de la vida y la muerte de mi hijo, mi dolor lo seguía sintiendo en carne viva. Acepté la jornada de su vida y mi participación en ella. Aún así, continué echando de menos a la persona que era, sabiendo que tenía que ser así. Yo era un ser humano y no lo entendía totalmente. Mi fe me otorgó la sabiduría para comprender el propósito de la vida de Jesús, sin eliminar el horror de su muerte y persecución.

ANNA: Puedo escuchar el dolor en tu voz y sentirlo en tu energía. Eso debe de haber sido muy difícil para ti.

MARÍA: Fue lo más difícil que la vida en la tierra puede llegar a ser. Yo sabía que él vivía para un propósito mayor y me consolaba ese hecho. Nunca perdí mi fe y creencia en Dios. Fue la fortaleza que Dios me otorgó lo que me ayudó durante los últimos días de mi vida.

ANNA: Dices que tú no eras tan relevante como tu mensaje. Entiendo, pero no puedo evitar querer saber todo lo que tenga que ver contigo. ¿Cuál era tu apariencia cuando caminabas la tierra? ¿Cómo podemos visualizarte en nuestras mentes? ¿Piensas que sería importante que pudiéramos dibujar una imagen tuya en nuestras mentes?

MARÍA: Oh, hija mía, eres tan sincera en tu búsqueda de saber todo lo que hay que saber acerca de mí. Es una bendición saber que otras personas y tú están procurando acercarse más a mí en cualquier modo posible. Cuál era mi apariencia cuando andaba en la tierra carece de importancia ahora. Sin embargo, te lo diré para satisfacer tu deseo de conocerme mejor. Fui una vez un ser humano y, como mujer del Oriente Medio, mi piel era oscura, mis ojos profundamente pardos y tenía una estatura pequeña. No era diferente a ninguna otra mujer de mi época en mi país. Mi pelo oscuro y ondulante me llegaba a la cintura y me encantaba cuando mi madre me hacía trenzas. Cuando era niña, jugaba, me reía y lloraba como lo hacen las niñas. Mi infancia no fue extraordinaria, aunque mi fe y mi amor por Dios ocupaban siempre el primer lugar. Pertenecí al linaje de David, que era un hombre pequeño pero muy fuerte que reinó sobre una nación. La sangre de David corría por mis venas y yo era como él y mis antepasados en su fe y creencia en Dios. A mí me enseñaron que Dios está por encima de todo y debe respetarse y venerarse. Hoy —ahora—, puedes verme con el corazón. Viéndome con el corazón puedes sentir mi fe, la fortaleza de mi espíritu y el amor. No debe tener importancia alguna que mi piel sea clara u oscura. El color de mis ojos o el tono de piel no deben tener más importancia que el amor que siento y que comparto contigo y con todo el que viene a mí. Ahora existo en espíritu. Mi apariencia ahora es la que me dé la persona que me observa. Si alguien quiere que yo tenga la piel blanca y los ojos claros, así será. Si esa imagen les complace, que así sea. Ahora estoy hecha de amor y consuelo. No tengo color en la piel y a la vez tengo todos los colores. No tengo rasgo que me distinga y, sin embargo, llevo conmigo la belleza de todo el mundo cuando estimulo tus energías y elevo tus vibraciones. Puedo ser una y la misma para todas las personas. Que no te distraiga lo que ven tus ojos; observa con el corazón y con tus sentimientos. En Primera de Samuel 16:7 está escrito lo siguiente: "Jehová no mira lo que mira el hombre; pues el hombre mira lo que está delante de sus ojos, pero Jehová mira el corazón". Debes ser como el Señor. Lleva su energía en tu alma. Mira dentro de mi corazón; siente mi corazón y deja que se convierta en tu propio corazón. Es allí donde verás mi verdadera apariencia: en tu corazón. No te concentres tanto en lo que ven tus ojos. Hija mía, y todos los que están recibiendo este mensaje, por favor sientan. Permite a tu corazón permanecer abierto mientras funciona en congruencia con tu mente. Entonces verás lo que soy para ti. Es mucho más significativo y será lo mejor para ti y para todas las personas al regresar a la Verdad.

ANNA: Entonces, si algunas personas te ven de diferentes maneras culturalmente o racialmente, ¿eso está bien contigo?

MARÍA: Sí, es correcto y bueno. El alma no tiene color. Es todo lo mismo. El cuerpo físico es superficial y no es tan bello como el alma. No es más que una cubierta sobre la esencia del alma. Yo soy de todos los colores y de todas las etnias. Hablo con todas las personas dondequiera que vivan y cualquiera que sea su apariencia. Mi imagen es la de la madre en cualquier forma, cualquiera que sea la apariencia en tu mente. Sin embargo, llevo conmigo una energía que tiene un color radiante. Muchos artistas de todas las épocas me han pintado con un vestido azul o rodeada de un aura azul. Pintaron lo que vieron al conectar con mi energía y lo que pintaron es cierto. Mi alma vibra con un hermoso color azul. Muchos le atribuyen el color azul a la realeza; está bien. Yo vengo de un linaje real, pero más importante que mi linaje terrenal es la gracia que Dios ha derramado sobre mí, la cual vibra de azul. El azul es el color de las altas vibraciones. Es también la vibración de la Verdad. Vengo a ti a traerte la Verdad. El propósito de esta vibración que yo llevo es sanarte e iluminar tu vida. Oro por la iluminación del mundo. El despertar que traerá el mundo a Dios en toda su bondad.

ANNA: ¿Entonces eres una vibración?

MARÍA: Hija mía, es tan fácil complicar lo que es simple. Esto resulta difícil de entender porque no te lo han enseñado ni las religiones ni las escuelas. Soy un alma y como tal soy energía. Mientras más alta es la energía, más rápida es la vibración. "En el principio era el Verbo" (Juan 1:1). El Verbo es la vibración más alta que había y es Dios. Dios es la vibración del amor. Según vibra mi energía, va creando el color azul para permitirte rodearte de todo lo que soy: todo lo que te doy. Traigo mi vibración y la comparto para elevar todas las vibraciones al nivel de las vibraciones de Dios: el Verbo encarnado, la más alta vibración. ¿Comprendes?

ANNA: Creo que sí… He leído que el principio de la resonancia se produce cuando se unen dos frecuencias; la más baja siempre se elevará a encontrarse con la más alta. En otras palabras, somos seres de energía que llevamos nuestra propia energía única. ¿Es eso lo que me estás diciendo?

MARÍA: ¡Sí, exactamente! Es una manera más pura de entender el mundo. Si pudieras cambiar para que en lugar de ver a las personas como diferentes, en términos de sus atributos físicos, te permitieras sentir sus vibraciones, aquellos que tuvieran vibraciones más altas podrían elevar a los que las tuvieran más bajas. Vengo a ayudar al mundo a elevar su vibración.

ANNA: ¿Cómo podemos elevar nuestra vibración y ayudar a otros?

**MARÍA:** Sigue mis mensajes… vive en paz, compasión y amor, no sólo con ustedes en sus propias familias y comunidades, pero con todas las personas. En tus oraciones pide fortaleza y valentía para hacerlo. En el mundo actual, aquellos que siguen este camino se destacan y deben ser valientes y estar listos para defender la Verdad. Esto es similar a lo que hizo mi hijo y todos los profetas que hablaron del amor universal, la compasión y la paz. Vengan a mí como los niños que son todos y permitan que mi gracia y energía los levanten hacia el nivel más alto. Eliminen las barreras que se han erigido para separar y sean conscientes de que ustedes son todos energía de la luz. Son uno y los mismos.

**ANNA:** Tenemos la tendencia a separarnos por rasgos y características. Por "nuestra gente, nuestra tribu". La idea de que pertenecemos a todas las personas y que en un nivel de energía todos nos parecemos unos a otros, y como tú, en un sentido energético es un consuelo. Aun así, siento que cuando andabas por la tierra eras tan superior a nosotros que somos tan imperfectos. Hablas de que David era un rey fuerte; sin embargo, según se ha escrito en el Antiguo Testamento, él no era perfecto. ¿Lo eras tú?

**MARÍA:** ¡Sé que estás entusiasmada y pendiente de cada una de mis palabras! Mi deseo es que compartas este entusiasmo con el mundo. Oro por que todos los que lean mis palabras sientan la emoción de la Verdad erigiéndose en sus almas. Es correcto y bueno, y es la razón por que vengo a ti. Lo que tú y los demás necesitan saber es que yo fui una mujer de carne y hueso; un ser humano como todos ustedes e imperfecta. Mi imperfección nació simplemente de ser humana. Sólo Dios es perfecto. Sin embargo, viví entregada a Dios y en pura fe. Fue esa fe lo que me permitió ser más estricta en vivir según la voluntad de Dios. Así y todo, en mi imperfección sufrí emociones humanas de ira y resentimiento. Según Jesús iba creciendo y su misión se hacía popular, la gente no siempre lo entendía. Algunos pensaron que él venía a liberarnos de la opresión política que llenaba mi patria mientras otros pensaban que nos elevaría a todos a un sitio de riquezas y lujos. Cuando no vieron la manifestación de sus expectativas, se burlaron de él y lo persiguieron. Mi propia gente y los romanos hicieron esto. Yo no podía y no amaba a aquellos que le hicieron estas crueldades a mi hijo. Jesús era mi hijo; el hijo que traje al mundo. Protegí a mi hijo en palabra y hecho cuando otros lo culpaban y lo deshonraban. No siempre entendí, pero sabía que Dios tenía un plan y confié en él. Viví en reverencia y en completa fe en Dios. Sabía que mi vida y la de mi hijo eran el resultado de su Divina Voluntad.

ANNA: Debe de haber sido muy difícil rendirse a la voluntad de Dios mientras presenciabas lo que los otros le hacían a tu hijo. Es algo para otros emular: entregarse en medio de sus propios sufrimientos. Debes de haberte sentido muy sola en tu dolor. ¿Cómo lidiaste con la sensación de soledad?

MARÍA: No amé a los que causaron la muerte de mi hijo hasta que alcancé una edad avanzada y Dios me concedió claridad. Los amigos de mi hijo, y mi propia familia inmediata, me rodearon en el momento de su muerte. Me protegieron y me consolaron como yo hice con ellos. Me aferré a María de Magdala, pues ella amaba a mi hijo. Juan, el más joven, permaneció a mi lado toda mi vida amándome y cuidándome. Vi cómo los amigos de mi hijo llevaron a cabo su misión. La gente comenzó a seguirlos en busca de la Verdad. Esto le hizo bien a mi corazón, ver que seguían sus palabras. Y nunca estaba sola; tenía a Dios a mi lado. Oré y oré por lograr una unión más profunda con Dios. Pero, ¿qué puede ser más doloroso para una madre que la pérdida de su hijo? Esa es la razón por la que yo vengo a la gente ahora. No quiero perder a ninguno de ustedes. Quiero salvarlos de sufrimientos como lo haría cualquier madre por sus hijos. Quiero compartir mi sabiduría con ustedes y ayudarlos a sanar y a guiarlos hacia Dios. Sin embargo, como todos los niños, se rebelan y se alejan. Ustedes deben vivir sus propias pruebas y errores. Es tan doloroso observarlo. Es hora de que vengan hacia mí para yo mostrarles paz y amor. Es hora de reunirnos para mostrarles a Dios. Yo soy la mensajera de paz, amor y sabiduría de Dios. Estoy aquí para cada uno de ustedes. Quiero su atención y su amor. Quiero que sepan la manera de salvarse.

ANNA: Mencionas a tus padres. Es interesante que tus padres no son mencionados en los evangelios canónicos, ni tampoco en el Corán. Pero ambas tradiciones los respetan como tus padres. Y la historia de tu concepción y nacimiento son muy similares en ambas religiones.

MARÍA: Es cierto que no se habla mucho de mis padres. Mis padres eran devotos en su espiritualidad. Oraban con gran fe para que mi madre concibiera aunque era de edad muy avanzada. Mis dos padres recibieron visitas de los ángeles anunciando mi concepción. Le prometieron a Dios que si mi madre era escogida para tener hijos, ese hijo sería entregado al templo a una temprana edad para ser consagrado a Dios. Y así fueron las cosas. Esto era muy difícil para ellos debido a que yo era hija única. Con corazones pesados, pero llenos de gratitud por sus bendiciones, fui entregada al templo a la edad de tres años para ser formada según las tradiciones de mi religión y mi pueblo. En ocasiones saldría del templo para estar con mis padres, a quienes amaba. Fue con gran tristeza que ambos fallecieron cuando yo era muy jovencita. Fallecieron antes de mi compromiso con José, mucho antes del nacimiento de mi hijo.

ANNA: Me has hablado acerca de la tarea de ser madre, pero ¿puedes hablarme de la tarea de ser esposa? ¿Amabas a José o no era más que el hombre que completó tu familia terrenal? ¿Tuviste otros hijos?

MARÍA: Fui una mujer casada con un hombre. Cuando José y yo nos casamos, yo era una niña. José era un hombre que ya había enviudado. Era inteligente y bueno, y fue escogido para mí con extraordinario cuidado. Fue a través de la iniciativa de Dios que él fue presentado a mis padres para mí. Debido a que tenían una gran fe y oraban diligentemente, ellos sabían que él sería mi esposo. Me enseñó, me protegió, me mantuvo y me amó. Y yo lo cuidé, lo amé y fui una esposa responsable. Dios creó al hombre y a la mujer para que se unieran en el amor y crearan a aquellos en su imagen. No es un pecado crear a un hijo o una hija con amor. Al crear con amor seguimos el camino del que creó al mundo con el mayor de los amores. Con tremendo amor, José y yo tuvimos hijos e hijas. Sin embargo, José falleció y fue al cielo demasiado pronto. Le guardé luto como lo haría una mujer llena de amor que pierde a su esposo. La muerte de José dejó un vacío en mi corazón y en nuestra familia. Por la gracia de Dios, nuestros hijos tenían suficiente edad para ayudarme. Nunca me volví a casar ni tenía necesidad de hacerlo. Muchas personas querían que yo trajera a otro hombre a mi casa para ayudarme. No era necesario. José fue el que se apoderó de mi corazón. Me estaba esperando cuando yo llegué al cielo.

ANNA: Tengo curiosidad acerca de las mujeres en tu vida. ¿Tenías amigas? La Biblia menciona que eras muy amiga de Isabel. ¿Continuó esa relación?

MARÍA: Tenía muchas amigas y nos apoyábamos mutuamente en la comunidad en que vivíamos. También tuve hijas y primas que me rodeaban. Orábamos, reíamos, llorábamos y nos apoyábamos mutuamente. Pero Isabel era especial para mí. Yo la quería mucho y ella a mí. Era mucho mayor que yo. Al igual que mi madre, no podía tener hijos y tuvo uno varón tardíamente en su vida. Al pasar de los años, Isabel y yo no nos seguimos viendo muy a menudo. Escapó con su hijo y su esposo hacia el desierto para proteger a Juan de ser asesinado en la época en que Herodes mandó a matar a los primogénitos. Tenía también miedo de criar a Juan muy cerca de mi hijo. Isabel era muy astuta. Sobrevivió a su esposo, pero falleció cuando Juan era todavía un niño.

**ANNA:** ¿Quién crió a Juan entonces?

**MARÍA:** Isabel recibió refugio en una comunidad judía llamada los esenios. Tenían prácticas ortodoxas y vivían estrictamente bajo la interpretación de la Ley. Juan adoptó algunas de sus costumbres. Cuando se hizo hombre se desvió, pero mantenía en gran estima a la comunidad que lo había acogido.

**ANNA:** Si Jesús y Juan no crecieron juntos, ¿cómo fue que se juntaron cuando se hicieron hombres?

**MARÍA:** Juan reconoció la esencia y la vibración de Jesús. A él no le preocupaban los lazos familiares que los vinculaban. Más bien, fue la energía de mi hijo lo que lo atrajo y los vinculó. Dios le permitió ver a Jesús como un alma y no sólo como un hombre. Y a través de la "visión especial" de Juan, él vio todo lo que era Jesús.

**ANNA:** Madre, estoy tan agradecida por tus respuestas. Me has dado tanto de qué pensar. En este momento tengo un entendimiento de lo que fuiste en la vida. Hablemos ahora de cómo tú vienes a nosotros. Te he oído y sentido toda mi vida; sin embargo, hay tanta gente que te busca y no puede escuchar tu mensaje, no puede sentir tu presencia. Has aparecido y hablado con místicos, niños y personas que viven en áreas pobres del mundo. ¿Por qué pueden algunos percibirte mientras otros no pueden?

**MARÍA:** Hija mía, amo a todos mis hijos. Les hablo a muchas personas, pero sólo los que tienen fe y un corazón abierto pueden oírme. He inspirado canciones, poemas, literatura y pinturas a través de los siglos. Aquellos que escuchan con sus corazones pueden oírme. Conocen mi voz. No ando buscando reconocimiento; sólo busco abrir la puerta de la Verdad, que le traerá paz a cada persona y al mundo entero. Mi energía es suave y sutil a la vez que fuerte y persistente. Despertaré a personas en medio de la noche sólo para dejarles saber que estoy orando con ellos. Los místicos y visionarios divulgan mis mensajes para que el mundo escuche. Anna, he estado hablando contigo desde que naciste y nunca negaste mi voz. En tu inocencia me buscaste, vine a ti y estoy contigo ahora para entregar mis mensajes al mundo.

ANNA: Te he sentido toda la vida, pero ¿por qué no puedo verte como lo han hecho los místicos?

MARÍA: Mi querida, todos los humanos quieren ver con sus propios ojos porque no se puede negar lo que los ojos ven, o al menos eso es lo que piensan los humanos. Es más concreto que los otros sentidos con que Dios te ha agraciado. Sin embargo, la vista puede ser engañosa. ¿Pueden dos personas describir un arco iris de la misma manera? ¿Es acaso mucho mejor verme que sentirme u oírme? Me acerco a diferentes personas de diferentes maneras. Todos ustedes son muy distintos en sus habilidades y capacidades de recibir; y es algo personal para cada persona en el mundo. Es la maravilla de Dios haber creado a cada persona como algo único. El mundo me percibe de tantas maneras diferentes. Para muchos las apariciones son ciertas; para otros las palabras son más importantes. Vengo de muchas maneras para que se complete mi misión y logre llegar a los corazones de la humanidad. ¡Alégrate de que otros están recibiendo mi amor y compartiéndolo con el mundo! Cualquiera que sea la manera en que tu energía pueda conectarse con la mía es adecuada y está bien. Los humanos fueron agraciados con inteligencia; sin embargo, hay ocasiones en que pensar demasiado disminuye el sentimiento y el conocimiento innato. Ustedes todos me conocen; soy la madre. Aunque pensar racionalmente es bueno, mi mundo se encuentra más allá del entendimiento, más allá del ámbito del pensamiento racional. Todos ustedes deben reconocerme en sus corazones. Es en la fe que todos ustedes me percibirán; es abriendo sus corazones que me sentirán. Ninguna manera de recibir es superior a otra. Apelo a cada persona de una manera perfecta y correcta para él o ella. Oro por que las personas del mundo me permitan tocarlos en la mejor manera posible.

ANNA: ¿Y qué se hace con todas aquellas personas que no pueden verte, oírte y sentirte realmente?

MARÍA: Soy la madre del mundo; todos son mis hijos y todos pueden conectar conmigo. No existe una élite entre ustedes; sólo aquellos que tengan fe y un corazón abierto. Vengo a todos los que me llaman y me permiten abrazarlos. Un corazón de fe puede unirse a mi energía y sentirme realmente. A menudo la gente no me reconoce al pasar porque sienten que no son merecedores o puede resultarles extraño creer. O tienen miedo. El temor me bloquea; el temor bloquea a Dios. Sin embargo, soy yo quien está respondiendo a las preguntas y llenándoles el corazón y el alma con el amor que llevo conmigo. Todos son merecedores, pero la fe, la verdadera creencia y el amor le permiten a cada persona fundirse con mi energía y sentir mi amor en una manera perfecta y adecuada. Les imploro a todos que, por favor, me permitan entrar. Dejen que mi amor los mueva y les brinde el más extraordinario amor que existe.

ANNA: Al cursar de los años, te has aparecido ante personas pobres y a los muy jóvenes. ¿Por qué ocurre esto?

MARÍA: Si me llaman, respondo. Cuando un corazón está abierto para mi consuelo, estoy allí. Los pobres del mundo son a menudo ricos en espíritu y capaces de rendirse ante mis palabras. A menudo viven vidas simples sin las complicaciones que les impedirían verme, sentirme y oírme. Me encantan los niños... están en mi corazón. En su inocencia, pueden sentir mi amor aunque no sepan realmente quién soy. A través de ellos, puedo alcanzar el mundo. Y no se pueden negar las palabras de niños inocentes hablando de cosas que les son desconocidas. Hay menos razón para dudar y atribuir lo que dicen a cualquier cosa que no sea divulgar mis palabras. Algunas personas oirán y seguirán las palabras, y otras pueden necesitar otros medios para oír mis palabras y entender y seguir el mensaje. No me acerco a la gente para decirles algo que les resulte desconocido. Vengo a repetir palabras de sabiduría pronunciadas por personas de cualquier religión. El camino hacia Dios es a través del amor y la compasión. Esto no es nuevo; data de cuando el hombre comenzó a caminar la tierra. Este concepto se repite en cada texto religioso centrado en Dios que se haya escrito. Sin embargo, la gente necesita oírlo una y otra vez. Y es así que ahora vengo con un poder que obligará a la gente a escuchar. Viéndome a través de apariciones es extraordinario y capta la atención. Quiero que me prestes atención. Quiero ayudarte y mostrarte cómo vivir en la paz y en el amor en que Dios quiso que vivieras.

ANNA: A menudo me he preguntado si tus palabras son de cierta manera traducidas por el que las recibe. Le hablas a tantas personas procedentes de tantos sitios. Ahora, al escuchar tus palabras, reconozco que lo que me dices puede no ser comprendido y aceptado, tal vez, por otros. ¿Es cierto lo que estoy sintiendo?

MARÍA: Lo que sientes es cierto. Distintas personas necesitan escucharme de la manera en que puedan entender. Estoy repitiendo el mismo mensaje a todos de diferentes maneras para que todos puedan comprenderlo y seguir mi sabiduría. Este conocimiento va más allá de la inteligencia, es Divino; es lo que Dios quiere que sepas para traerte más cerca de él. Aquellos que están leyendo mis palabras en este libro pueden aceptar la manera en que me acerco a ustedes y luego a mí, y finalmente a través de Dios. Abriré sus corazones para que puedan aceptar mi sabiduría. Es posible, sin embargo, que no estén abiertos a mis palabras cuando son pronunciadas por otra persona. Como vehículo mío, te estoy llenando de mi energía; envolviéndola alrededor de tu corazón, tu mente y tu alma. Estoy haciendo lo mismo para todos aquellos que están leyendo mis palabras en este libro. Distintos mensajeros atraerán a personas diferentes, aunque mi mensaje permanezca igual. Sigue siendo mi verdad. El mundo es amplio y tengo ahora muchos ayudándome a hacer mi trabajo para que cada cual en el mundo pueda alinearse con la Verdad.

ANNA: Muy bien, eso tiene sentido. Sin embargo, los muchos místicos populares que te han sacado a la luz han sido todos católicos y sus mensajes primariamente dirigidos a católicos. Esos mensajes son a veces inconsistentes con las tradiciones de otras religiones. ¿Estás aquí solamente para los católicos?

MARÍA: No, mi queridísima, vengo para todas las personas. He aparecido a personas de otras religiones en maneras que tengan sentido para ellos y sus variadas creencias y tradiciones. Algunas de esas apariciones han sido conocidas. Sin embargo, las apariciones vistas por católicos se hacen más públicas y llegan a más personas en todo el mundo. Los católicos, más que personas de otras religiones, me reconocen porque han sido enseñados a recibirme y aceptarme.

ANNA: Esto es un poco confuso para mí porque cuando hablas a los católicos visionarios, tus mensajes a veces contienen mensajes que sólo aplican a algún seguidor del catolicismo. Por ejemplo, se ha informado que tú has dicho: "Arrepiéntete y confiésate". La mayoría de las religiones en general no acuden a un sacerdote para confesar sus pecados. ¿Cómo puede ese mensaje ser para todas las religiones?

MARÍA: Muchas cosas que yo transmito pueden resultar confusas cuando se toman literalmente. Permíteme explicar. Los visionarios siguen su propio sistema de creencias, el cual ya ha traducido muchas de mis palabras. Por ejemplo, cuando me oyen decir "Arrepiéntete y confiésate", esto significa históricamente que "se arrepientan y vayan a confesarse". Esto es consistente con su religión. Pero cuando yo digo: "Arrepiéntete y confiésate", lo que quiero decir es que hay que estar apenado por transgresiones contra la humanidad y contra Dios, y pedir perdón. Si uno debe asistir a la iglesia o al templo para lograrlo, que así sea. Si puedes aprender de tus errores y expresar tu pesar directamente a Dios en oración, eso es muy bueno. Cada persona debe seguir el camino que le resulte adecuado y perfecto. Es más importante aún pedir perdón y aceptar el perdón que se les ofrece, y saber que el perdón es concedido por un Dios bueno y cariñoso. Además, conjuntamente con esta manera de pensar, la confesión real no es sólo una declaración verbal y una admisión de una transgresión, sino también de cambiar el comportamiento de la persona y su corazón. Un ladrón no puede decir "Lo siento por robar" y entonces salir y robarle a alguien. Estoy merodeando alrededor de la pregunta, pero siento que esto debe decirse. ¿Entiendes? Alguien oirá mis palabras de una manera consistente con su sistema de creencias.

**ANNA:** Desde que comenzaste a "deambular" en estos términos, ¿qué pasó con la penitencia? Los católicos creen que después de la confesión uno debe practicar la penitencia. ¿Se aplica esto a todas las personas?

**MARÍA:** Es cierto para todas las personas, pero no es necesario seguir una tradición o la manera que tiene una religión en particular de hacer las cosas. Las tradiciones hindú, judías, musulmanas y budistas enseñan que la penitencia debe ofrecerse a Dios para recibir el perdón. La penitencia en su forma más pura es un reconocimiento de la transgresión, comprender la razón de la transgresión, tener un corazón abierto y contrito y a la vez sentir el deseo de cambiar para acercarse más a Dios. Las prácticas de penitencia de varias religiones difieren. Las prácticas hindú, judía, musulmana y budista se diferencian de la tradición católica pero también son buenas y justas. Si la práctica incluye introspección y sentimientos genuinos de sentirse apenado, entonces es correcta.

ANNA: ¿Cómo puedo confiar en mi propio filtro al escucharte?

MARÍA: De igual manera que los mensajes que he compartido con otros, mis palabras pueden tener diferentes significados dependiendo de quién recibe el mensaje. Siempre y cuando estés verbalizando lo que estás oyendo, es correcta y buena. Las personas que se sientan atraídas a mis palabras a través de este libro comprenderán mi significado.

ANNA: Dijiste que también les has aparecido a personas no católicas o cristianas ortodoxas. ¿Cómo saben ellos quién eres?

MARÍA: Sí, lo he hecho muchas veces. Puede que no me vean como María, la Madre, pero me han reconocido como la portadora de la Verdad. Y la Verdad es Amor y la sabiduría de Dios. Ustedes todos están conectados. Dios creó y pertenece a todas las personas. Yo he aparecido como Quan Yin para traer la Verdad a todas las personas. Mi nombre no es importante; el mensaje sí lo es.

ANNA: Bueno, imagino que tiene sentido que tengas que aparecer en varias formas ante diferentes personas de muchas tradiciones espirituales distintas. Hoy conocí a un hombre católico que me mostró una foto que lleva siempre consigo. La foto contiene una imagen superpuesta de ti, o al menos una imagen que él reconoce como tuya. La imagen era la representación tradicional que los artistas hacen de ti a través de las épocas; una mujer caucásica, serena, con un velo azul. La reconoció como tuya. Dijo que tu imagen aparecía milagrosamente en la foto. ¿Vienes de esa manera a las personas? Ha habido relatos de personas que han visto tu imagen en costados de edificios, en el cielo, incluso en alimentos. ¿Es esto excesivo o exagerado, o tiene acaso un significado especial?

MARÍA: ¿Por qué ha de ser una exageración verme en todo? Si una imagen mía aparece en una foto, un edificio o en un plato de alimentos, y trae consuelo, entonces allí estoy. No juzgues mis formas. Son tan simples y directas como lo soy yo. Yo vengo de muchas maneras diferentes a aquellos que me buscan. Se juzga tanto en el mundo. Es hora de abrir sus mentes y sus corazones. Simplemente admitiendo "puede ser" es un paso en la dirección correcta.

ANNA: ¿Te envía Dios a nosotros o vienes por tu propia voluntad?

MARÍA: Es mi propósito ser una madre para todos ustedes y ayudarlos. Dios me ha agraciado con esta tarea. Deseo salvarlos y traerlos a todos a un lugar de tranquilidad interior y paz global. Deseo traer Amor a todos para que puedan sentirlo ustedes y compartirlo con otros. Soy una sierva de Dios que disfruta divulgar su intención y sabiduría por el mundo. Estoy alineada con Dios.

ANNA: ¿Por qué Dios no viene él mismo?

MARÍA: Dios viene a todas las personas. Muchas personas oyen a Dios y sienten la abrumadora presencia de un amor que se impregna. Sin embargo, desde que yo era una persona y habitaba en un cuerpo humano, la gente se siente cómoda poniéndole un rostro a mi energía. Yo me he mostrado a la gente de una manera que Dios no ha hecho. Nadie ha visto el rostro de Dios. Dios es una pura vibración que sólo puede sentirse. He sido escogida por Dios para llevar su energía y su mensaje en la manera más pura a todos. Pero no soy la única. Hay muchos en el reino celestial que han estado viniendo para ayudar a los que están en la tierra. Los ángeles y otros espíritus se envían a la gente para traer amor y paz en el mundo. Le digo a todos: ¡Escuchen, sientan y acaten mis palabras y el mundo será sano! Mis palabras no son más que pronunciamientos de la sabiduría de Dios. Vengo a ayudar a enseñarles a encontrar paz en el mundo.

ANNA: ¿Vienes sola a mí y a otros?

MARÍA: Llevo la energía del Creador; su presencia siempre me rodea. También estoy siempre rodeada de un ejército de ángeles que me ayudan a ayudar al mundo.

ANNA: ¿Qué quieres ayudarnos a hacer?

MARÍA: Vengo para decirles cómo encontrar paz y amor en el mundo, y para decirles que esto debe ser realizado. Es el deseo de Dios. Quiero traer este amor que hará girar al mundo y permitirá que la paz circule como se suponía que lo hiciera desde el principio. Vengo a decirle a la gente que son amados por la fuente más alta y que deben compartir este amor para encontrar paz.

ANNA: ¿Eres una Maestra Ascendida? (Nota al lector: Los Maestros Ascendidos son seres iluminados espiritualmente quienes en anteriores encarnaciones eran humanos comunes, como la mayoría de nosotros. Se dice que estos seres pasan por un ciclo o unas series de ciclos donde la transformación espiritual toma lugar y alcanzan así ese estado de iluminación).

MARÍA: Soy una Maestra Ascendida, como lo son muchas almas. También fui escogida por Dios para traer la Verdad como la madre. Soy la vibración azul de la verdad. Soy la Reina de los Ángeles y el cielo. Aquí estoy, como otros maestros en espíritu y los ángeles, para enseñar e iluminar a mis hijos y conducirlos a todos hacia el reino. Oro por que mis mensajes se oigan y el mundo encuentre amor y paz.

ANNA: ¿Tienen todas las personas la habilidad de alcanzar la iluminación espiritual de un Maestro Ascendido?

MARÍA: Claro que sí, todas las personas son iguales. Esta es una larga discusión, pero la voy a hacer breve. Lo que separa a la gente es su alineación con Dios y el nivel de evolución de su alma.

Según la gente se vuelve más y más espiritual y vive en el Amor, camina hacia la sabiduría de las épocas, la sabiduría de Dios, y la iluminación espiritual los seguirá. Al final, las almas del universo serán todas Maestras Ascendidas.

ANNA: ¿Es eso lo que buscan los seres humanos al nivel del alma?

MARÍA: El alma se esfuerza por ser lo más perfecta posible a fin de poder vivir en unidad con Dios. Si el alma puede vivir la experiencia y dar un gran amor, demostrar compasión y recibir compasión, si se las arregla para no sentir miedo de hablar la verdad, entonces el alma alcanzará el estado de pureza de un Maestro Ascendido. En ese punto, la luz de la Divinidad llenará el alma y el alma brillará con el amor de Dios.

ANNA: ¿Por qué vienes a nosotros con tanta fuerza ahora?

MARÍA: La gente del mundo está lista. Muchas personas están buscando la Verdad. No quieren seguir viviendo con miedo. Quieren creer y vivir más cerca de Dios, pero están perdidos. Estoy aquí no sólo para buscar a los creyentes sino a los que están perdidos y buscan el camino correcto. El mundo está fragmentado y hay mucha gente deambulando sin saber adónde ir. Se han perdido en el materialismo del mundo, la avaricia y la lujuria por objetos tangibles. Sus líderes carecen de integridad moral para guiar a sus países hacia la paz y la hermandad entre la gente. Las armas son ahora de destrucción masiva y crean miedo e inquietud. Vengo a dirigir a la gente por un camino que está libre del dolor del mundo. Vengo a sanar.

## Meditación para el capítulo uno

✦ Cierra suavemente los ojos y respira. Pídeles a los ángeles que te rodeen en un brillante círculo de luz, amor y protección. Imagina una columna de luz del cielo situándose en la corona de tu cabeza, esparciéndose hacia todo el cuerpo y anclándote en la tierra. Siente esta maravillosa luz subiéndote a través de la columna vertebral desde la punta del pie. Permite que tu cuerpo se relaje mientras concentras la respiración. Sé consciente de cómo te sube y te baja el pecho mientras aspiras todo lo que es bueno y justo en el universo. Fíjate cómo se te llenan los pulmones con la respiración Divina de Dios. Imagina tu respiración como una ola suave que se mueve de atrás hacia adelante. Siente cómo tu cuerpo se relaja después de exhalar estrés, negatividad y todo lo demás que no necesitas. Toma conciencia de lo maravilloso que se siente. Es un verdadero regalo poderte relajar y traer paz a tu mente, cuerpo y alma.

✦ Permite que la energía de María, su amor y paz, entren a tu cuerpo cada vez que inhalas. Exhala todo lo que no te sirve: todo el estrés, la ansiedad, la ira, la animosidad, la autorecriminación y todo lo que se atraviese en el camino que te conecte con el cielo. Según te muevas hacia este lugar magnífico de relajación total, comienza a sentir una sensación de paz que se mueve a través de tu cuerpo. Es una sensación maravillosa. Disfruta de esta paz y relájate. Según continúas sintiendo que tu pecho sube y baja al respirar, imagina que hay una sedosa luz azul pálida rodeando tu cuerpo. Sientes su vibración suave dándote vueltas alrededor, alertándote y llenándote los sentidos. Simplemente permítete ser, a medida que esta vibración azul flota alrededor tuyo. Reconoce que es buena. Deja que esta vibración te abrace suavemente. Reconoce que esta vibración es la Madre María. Permite que su cálida presencia desplace el foco de tu respiración hacia el suave palpitar de tu corazón. Visualiza el corazón creciéndote en el pecho al dejarla entrar. Mira cómo el suave color azul circulando alrededor tuyo facilita la entrada en tu cuerpo físico y en tu corazón. Imagina que tu ser completo quiere llegar a ella. Al permitir que la suave luz azul te llene el corazón, reconoce que María y tú se están mezclando enérgicamente; fundiéndose en una esencia. Deléitate en saber que están vibrando con su energía. Al respirar, comienza a sentirla más y más y permítete ir más profundo. Ahora imagina un espacio claro, libre de pensamiento, y permite que tu respiración deambule en silencio. (Me gusta referirme a este espacio como tu espacio del alma). Visualiza a María de pie delante de ti; cualquier imagen que funcione para ti será adecuada. Ella puede continuar del color pálido azul o ser un sentimiento, o tal vez quieras personificarla. Cualquier cosa que resulte bien o te haga sentir bien.

+ Mírala extendiendo su mano o mira su energía expandiéndose hacia ti, y escucha cuando te dice: "Ven, sígueme en una jornada de amor". Toma su mano con el corazón abierto. Estás listo ahora para ir adónde ella te guíe. Respira profundo varias veces, por la nariz o por la boca, lo que te resulte mejor. Permanece en su presencia por algunos momentos o tanto tiempo como desees.

# 2

# ¿Qué es un alma?

## Cómo entender lo que no podemos ver

ANNA: Madre, tus palabras son tan iluminadoras. Sé que hablo por todos cuando te doy las gracias por compartir tu sabiduría con nosotros.

MARÍA: Es con el corazón lleno de amor que vengo a elevar la vibración del mundo y enseñarles a todos acerca del amor y cómo ser alguien con amor.

ANNA: Dices que vienes a enseñarnos cómo ser alguien con amor. Dado que esa no es una posibilidad física, ¿cómo puede ocurrir?

MARÍA: No hay palabras que puedan explicarlo adecuadamente, pero voy a tratar porque deseas saberlo. Es difícil porque no existe un lenguaje capaz de conllevar suficiente "emoción" o "sentimiento". Ser una persona con Amor no puede ser físico; sin embargo, puedes sentirlo en tu cuerpo físico. Tu corazón puede tomar un ritmo que puedes sentir en tu abdomen, pero el Amor es una manera de estar; un estado emocional que transciende todo lo que es físico aunque sea parte de un mundo físico. Sé que es confuso… Las montañas, los mares, el cielo y todo el reino físico fueron creados por amor y muestran la mano de Dios en la magnificencia de su belleza. Sin embargo, el amor tiene más que ver con lo que los ojos no pueden ver… Por ejemplo, cuando presencias el momento en que tu hijo es bondadoso con otro niño, puedes ser afectada positivamente por lo que ves. Y puedes describir el sentimiento en que tu corazón estalla de amor. Sin embargo, este sentimiento de amor no puedes sostenerlo en la mano al igual que no puedes sostener en la mano la alegría. Este amor lo sostiene tu propio ser como una fuerza invisible que te lanza hacia una experiencia de gozo absoluto. El amor es un sentimiento que sostiene lo más alto, lo más poderoso, la vibración más pura. Es así que puedes ver a Dios dondequiera en la creación y saber que el amor es algo que él hizo, pero es el sentimiento de Amor que sobrepasa lo visual. Las montañas pueden ser destruidas, pero el amor que se usó para crearlas permanece. Mira alrededor y sentirás y sabrás que Dios y su amor están en todas las cosas. Los filósofos han estado tratando de definir el amor durante épocas. El Amor es Dios. Eso es lo que es. Conocerás la energía del Creador cuando abras tu corazón a él y estés consciente de él en tu vida. Cuando encuentres y reconozcas a Dios, la energía del Amor puro se fundirá dentro de ti a través de tu corazón y tu alma. Esta unión, o matrimonio con la Divinidad, es el acto más magnífico que puedes realizar como persona, y un sentimiento que está más allá de cualquier emoción que pueda vivirse en la tierra.

ANNA: Esto es un poco difícil de comprender debido a que, como humanos, sólo tenemos conciencia de nuestros cuerpos físicos y lo que vemos y nuestra mente traduce. Voy a tener que pensar en lo que me dices.

MARÍA: Tienes un conocimiento gnóstico en el alma que entiende lo que estoy diciendo. Descansa en mis palabras y deja que tu alma te traiga la sabiduría que buscas. Si lo deseas, lo lograrás.

**ANNA:** Fuimos creados en la imagen de Dios. Dices que Dios es la encarnación del amor, que Dios es Amor. Pero estamos hechos de carne y hueso. ¿Cómo podemos conectar con Dios a través de nuestras almas? ¿Y qué es un alma?

**MARÍA:** Cuando se utiliza para mejorarte a ti y al mundo, ¡la mente es algo maravilloso! Me agradan tus preguntas. Imagina que las personas son almas, la energía de Dios cubierta de carne. Sus cuerpos son maquinarias complejas que desafían la ciencia una y otra vez. Sólo la mayor inteligencia puede haber creado a los humanos y a todas las criaturas. Dios es ese ser poseedor de la mayor inteligencia. Debes cuidar tu cuerpo, puesto que es un regalo que permite al alma alcanzar la unión con el amor perfecto. El alma sostiene la energía y la vibración de Dios y puede reconocerlo dentro de sí y dentro de la materialización de la energía en Dios. El alma es aquello que añora a Dios porque conoce a Dios. El anhelo puede ser tan grande que la gente logra a veces reconocerla conscientemente. El alma humana es la parte tuya que no es física, pero representa la mayor parte de lo que eres. ¡Ustedes todos son mucho más que lo que ven y sienten! Esto es difícil de entender, lo sé. El alma lo es todo, pero está separada. Es la vibración y la energía de la persona. Es la parte de cada ser humano que perdura eternamente después de que el cuerpo tiene la experiencia de la muerte.

**ANNA:** Imagino que hay prueba en la Biblia de que la gente tiene almas. En Génesis 35:18, aparece una descripción de la muerte de Raquel, la esposa de Jacob, en la que dice que nombró a su hijo "al salírsele el alma".

**MARÍA:** El alma es todo lo que existe después de la muerte y carga con "el ser" que es responsable de sus acciones durante su vida en la tierra.

**ANNA:** ¿Entonces las personas no son realmente humanas? Somos almas con una cubierta. Interesante…

MARÍA: Ya yo no soy humana. Algún día tampoco tú serás humana. El alma siempre existirá. Escoge el cuerpo que ha de encarnar para aprender sus lecciones. Escoge su genética y familia para lograrlo. El alma influencia la mente igual que cada parte de la maquinaria humana se integra con el alma. También influye en el libre albedrío. No está separada sino que forma parte de todo lo que es humano. La vida puede ser una extraordinaria experiencia y debe deleitarse y disfrutarse como Dios quiere que se haga. Dios desea que todos vivan en abundancia. Una vez que el alma pasa del cuerpo y pasa el proceso de revisar su vida, viene la paz. Las emociones de odio y temor no existen. Una vez en el reino Divino, no existe la necesidad de la supremacía y las cosas del mundo; no hay batalla con el cuerpo y la condición humana. El alma se contenta con estar en un sitio de puro amor. Cada alma tiene una personalidad que es única, aunque existe sin necesidad de dominar. Toda alabanza y gloria va a Dios, no del uno al otro. Pero uno debe completar la misión de su alma antes de que todo esto se pueda lograr.

ANNA: Hay personas que han dicho que sienten que sus almas los abandonan mientras duermen. ¿Es esto cierto? ¿Pueden nuestras almas simplemente abandonar el cuerpo dormido e iniciar un "viaje astral"? Hay un santo que admiro cuyo nombre es Padre Pío. Se ha dicho de él que puede estar en más de un lugar al mismo tiempo a pesar de que estaba acostado en su cama en Italia. Hay miles de cartas de personas que dicen haberlo visto y que él permitió que la curación de Dios pasara de sus manos hacia ellos y fueron sanados. Y es así que pudo estar dormido en Italia mientras personas en Texas, Inglaterra y otros sitios del mundo lo veían y eran curados por él. ¿Es cierto que su alma abandonó su cuerpo y viajó espiritualmente para completar su misión de sanar a la gente?

MARÍA: Padre Pío fue un ser humano especial. Entendía con infinita sabiduría el funcionamiento del alma. Tenía un corazón puro, y estaba dedicado a Dios y a su propia misión de traer el amor de Dios al mundo a través de milagrosas curaciones. Dios trabajó a través de su alma cuando Pío viajaba por el mundo para sanar a los necesitados.

ANNA: Esto es muy fascinante para mí. Tal vez es por eso que mucha gente se despierta cansada por las mañanas… ¡tal vez sus almas trabajan mucho y les causa cansancio!

MARÍA: Puede ser… el alma afecta el cuerpo y el cuerpo afecta el alma. Recuerda que el cuerpo es el guante que cubre el alma. Si el guante tiene un roto, el alma se verá afectada; si el alma no está tranquila, el guante resulta manipulado y puede no sentirse cómodo. Y es así…

ANNA: ¿Conservan nuestras almas nuestras personalidades después de la muerte y a través de varias vidas?

MARÍA: Sí, las personas retienen sus personalidades. Es gran parte de quiénes somos. Muchas personalidades pueden ser similares, pero tu personalidad es únicamente tuya. Al alcanzar el reino, la energía de la persona pierde la ira, el odio y la animosidad, entre otros sentimientos negativos, y despliega gozo y amor. El alma puede entonces llenarse con los aspectos positivos de su personalidad y seguir adelante. Alguien que era cómico en vida lleva consigo su sentido del humor hacia el otro lado. Alguien que era despreocupado seguirá siendo despreocupado. Y cuando vienen a visitar a sus seres queridos en la tierra sus personalidades pueden reconocerse.

ANNA: De modo que esa es la razón por la que cuando yo percibo a aquellos en el otro lado, a veces siento sus personalidades cuando se revelan ante mí. Muchas veces también me dicen sus creencias y lo que les gusta y lo que no.

MARÍA: Sí, y cuando pasas esa información, es una validación.

ANNA: ¿Cómo podemos saber la misión de nuestras almas?

MARÍA: Pide y recibirás el conocimiento. Cada uno de ustedes ha sido dotado de manera única. Reconoce tus dotes; hay una razón por la que estás dotada. Dentro de tus dotes, reconoce tu pasión y lo que te gusta hacer. A través de estos encontrarás tu misión y tu propósito. Les digo que no nieguen sus dotes o sus pasiones. Fueron conferidos a ustedes como bendiciones. Ninguna bendición es mejor o peor que otra. Y, colectivamente, todos nacimos para sanarnos a nosotros mismos y los unos a los otros. Todos somos sanadores.

ANNA: Entonces si lo entiendo correctamente, no importa cuáles sean nuestros dotes, no nos fueron dados por casualidad. ¿Son acaso parte de cómo hemos de completar la misión de nuestra alma? Por ejemplo, si el dote de alguien es destacarse en béisbol y lo hace profesionalmente, eso es parte de la misión de su alma. Interesante... Pasando a otro tema, ¿cuál es la diferencia entre la mente y el alma?

MARÍA: Tu alma nunca te abandona realmente; está conectada siempre a tu ser. Sin embargo, tu alma no duerme o descansa. De ahí que cuando duermes tu alma puede desplazarse a una dimensión diferente a enseñar, a sanar o a aprender. Haciéndolo así, puede ayudarte mejor como una persona que está siguiendo su camino. A veces la gente sueña con estos viajes de sus almas.

ANNA: Hablas del alma desplazándose a enseñar, a aprender, a sanar. He leído que la proyección astral y las experiencias fuera del cuerpo son también parte de muchas de las tradiciones místicas que son la base de la mayoría de nuestras religiones. Los antiguos egipcios creían que el "Ka" o el alma abandona el cuerpo y viaja a su gusto. Todo es tan fascinante que la gente ha creído en esto durante muchos siglos pero recién ahora lo estamos aprendiendo.

MARÍA: Y así marcha el mundo. Mientras la gente se hace más y más inteligente, urge la necesidad de probar científicamente todo lo que ocurre. Muchas cosas no pueden probarse fácilmente. Algún día todo podrá ser probado por la ciencia, pero todavía no ha llegado ese momento.

ANNA: ¿Son la mente y el alma diferentes?

MARÍA: La mente y el alma son similares, aunque diferentes. El alma es la naturaleza espiritual de la humanidad pero con la capacidad de pensar; puede actuar y sentir. La mente es el sitio donde la gente piensa, razona y retiene el conocimiento. El alma es la esencia de cada persona y contiene la vibración y esencia de Dios, mientras que la mente está a cargo de la conciencia y de los pensamientos de una persona. Trabajan conjuntamente.

ANNA: Pienso que la verdadera pregunta es: "¿Dónde existe la mente?". Sabemos dónde está el cerebro, ¿pero esa es realmente la mente? ¿Y son la mente y el alma la una parte de la otra?

MARÍA: La mente y el cerebro funcionan juntos pero son dos entidades separadas. El cerebro es físico y parte del cuerpo, mientras que la mente es una extensión del alma. En la mente están todos los recuerdos, nuestra moral, los pensamientos conscientes e inconscientes, sentimientos de amor, ira, gozo, desencanto. El cerebro, cuando está saludable, permite al individuo a acudir a la mente y encontrarle sentido al mundo. Cuando algo no anda bien en el cerebro, afecta la habilidad de hacer cosas en la mente para traerlas a la conciencia. La mente existe fuera del cerebro y funciona con él. El alma es el sitio donde residen la intuición y la sabiduría gnóstica.

ANNA: Esto me recuerda de lo que argüía René Descartes en su teoría sobre el dualismo. Mantenía que había una interacción de dos vías entre la mente y el cerebro.

MARÍA: Sí, los filósofos han buscado durante siglos la manera de explicar esto y muchos han estado en lo correcto. Descartes tenía razón en sus afirmaciones.

ANNA: Mencionas el conocimiento gnóstico. ¿Qué es eso?

MARÍA: El conocimiento gnóstico es la sabiduría espiritual que reside en el nivel de conciencia, aunque proviene del alma. Es así que esta sabiduría habita en el alma pero es compartida con la mente. El cerebro, a través de su intrincado funcionamiento, permite que este conocimiento se procese y se reconozca por la persona.

ANNA: Entonces nacimos "sabiéndolo todo". Si esto es cierto, ¿por qué le damos la espalda?

MARÍA: Esto nos trae al libre albedrío.

ANNA: ¿Estás diciendo que la mente, el alma y el cerebro funcionan juntos pero están separados?

MARÍA: Sí, el cuerpo, tanto el físico como el no-físico; los cuerpos etéreos y sutiles, así como los órganos, todos son parte de la creación de Dios. De forma magistral, Dios permitió que la forma humana fuera completamente y mecánicamente perfecta en su habilidad de estar tanto en el reino natural como en el sobrenatural/espiritual. ¡Todos ustedes son magníficos y pueden vivir combinando todos esos aspectos de su ser! Cuiden su cuerpo físico y adórenlo según sirva a su alma. Ejerciten su alma a través de la oración y la meditación. Haciendo esto, le encontrarán un sentido de satisfacción y reverencia al Creador.

ANNA: ¿Entonces imagino que todos tenemos la habilidad de ser videntes e intuitivos?

MARÍA: ¡Claro que todos la tienen! Es parte de cada ser humano. Algunas almas han evolucionado espiritualmente y confían más en Dios y pueden permitir que la intuición o la sabiduría surja. Es el temor lo que bloquea la intuición. Reconoce que fuiste creada por el Amor, no por el temor. Todo lo que posees físicamente y al nivel del alma debe ser honrado y utilizado para el más alto bien de Dios, tuyo y de los demás.

ANNA: Muy bien… ¿Puede el alma ser buena o malvada?

MARÍA: Por su misma naturaleza, simplemente porque el alma regresa a la tierra a arreglar las cosas de sus vidas pasadas o a ayudar a otros, puede ser buena. Si la mente ignora las influencias del alma y la esencia de la Divinidad, las acciones que siguen pueden no ser buenas y justas.

ANNA: ¿Tiene género el alma?

MARÍA: El alma no tiene género. Ocupa un cuerpo que tiene un género, pero el alma es una vibración como la de Dios. El alma puede reencarnar masculino o femenino a través de varias vidas.

ANNA: Los espíritus generalmente se muestran masculinos o femeninos cuando aparecen. ¿Por qué es eso?

MARÍA: Esto ocurre por tu bien y por el propósito de comunicarse con aquellos que están vivos. ¿De qué otro modo habría validación? ¿De qué otro modo los describirías? Puedes describir lo que ves en términos concretos.

ANNA: Esta conversación es fascinante. Encuentro todo muy estimulante. ¿Piensas que la gente es capaz de acoger estos conceptos y acaso aceptar que en realidad somos almas?

MARÍA: Sí, el alma de cada persona quiere ser conocida. Lo más importante no es entender las diferencias entre el alma, la mente y el cerebro. Es más importante simplemente aceptar que todos somos seres almas, no solamente seres humanos. Porque el alma no es física o visible, a algunas personas les resulta difícil entender su naturaleza. Sin embargo, hay personas que pueden ver el aura del alma rodeando a la gente en colores o sentir su densidad. Ha habido más y más debate en los últimos cincuenta años sobre esta habilidad de ver el aura del alma. El mundo está listo para aceptar esto. Es hora ya. Es importante saber, por encima de todo lo demás que se diga, que ustedes son todos almas que comparten una vibración con Dios y que esa vibración es Amor. Simple, pero es la Verdad.

ANNA: ¿Piensas que la gente está tan obsesionada en ser "humanos" y en vivir sus vidas que simplemente no les importan sus almas?

MARÍA: Sí, esto es triste pero cierto. Escuchen mis palabras, hijos míos, ¡amen y honren su alma que es la esencia de quienes son! Es su conexión con el Todopoderoso y con el único y Amor verdadero. Los guiará a todo lo que es bueno. Lleva consigo la energía y vibración de Dios en todos ustedes.

ANNA: Esto es tan fascinante. Quiero regresar a lo que somos como personas. ¿Cuál es la manera correcta de definirnos? Si somos sólo carne y hueso cubriendo la esencia de lo que realmente somos, ¿debemos decir que somos almas?

MARÍA: Oh, hija mía, ¿qué necesidad hay de definir? ¡Ustedes son todas estas cosas! Si alguien los golpea, sentirán dolor físico; si alguien se burla de ustedes, sentirán dolor emocional; si vas contra tu naturaleza espiritual y contra Dios, tu alma llorará y tratará de traerte de regreso a Dios.

ANNA: Hablemos de enfermedades mentales y discapacidades físicas. ¿Cómo las entenderemos y cómo lidiar con ellas?

MARÍA: Buena pregunta. Antes de que el alma reencarne está plenamente consciente de los desafíos que debe confrontar para aprender lecciones no adquiridas en vidas anteriores. Y es así que el alma acepta aprender nuevas discapacidades y enseñárselas a quienes la rodean. Puede ser doloroso en el nivel humano; pero se acepta en el nivel del alma. Haciéndolo así, viviendo a través de la discapacidad, no sólo puede el alma evolucionar sino que también puede permitir a otras almas evolucionar. Todos los humanos tienen cierto grado de discapacidad.

ANNA: ¿Cómo pueden otras almas aprender y evolucionar a través de la discapacidad de otra persona?

MARÍA: Las almas en el cielo se comunican entre sí y hacen "pactos" sobre lo que necesitan aprender cuando regresan a la tierra. Así, un grupo de almas puede decidir la mejor manera de aprender unas de otras. Alguien discapacitado enseña a aquellos alrededor suyo compasión, paciencia, servidumbre y comprensión.

ANNA: Pero, ¿qué ocurre con quienes padecen de enfermedades mentales severas o quienes son abusivos emocional o físicamente hacia otras personas? Estoy pensando en esquizofrenia o psicosis.

MARÍA: A veces la lección para quienes rodean a este tipo de persona es practicar la compasión; reconocer la imperfección humana y amar a la persona de todas maneras. Esto es muy difícil. Pero es bueno saber que la enfermedad mental no está relacionada con la maldad, ni asume la carga de las maldades de la humanidad. Además de enseñar a otras almas, la razón de la enfermedad mental y otras discapacidades a menudo se relacionan con crear un balance o "arreglar" los males de una vida pasada o aprender lo que no se ha aprendido en otras vidas de la persona o personas que rodean a la persona enferma.

ANNA: ¿Está el alma tratando de corregirse?

MARÍA: Sí, lo está. Por ejemplo, puede ser que en una vida anterior una persona era cruel hacia los discapacitados. Tal vez regresa como alguien discapacitado a fin de comprender su propia falta de compasión y maldad. También, la familia que rodea a la persona discapacitada o enferma mental está tratando de "reparar" sus maldades de una vida anterior cuidando a esta persona que es discapacitada. Estas son todas lecciones. A veces no existe una verdadera claridad hasta que la vida termina y estamos en el sitio de todo conocimiento con Dios.

ANNA: Mencionaste antes que el corazón y el alma trabajan juntos. Cuando hablas del corazón, ¿te estás refiriendo a lo mismo que el alma?

MARÍA: El corazón, en términos simbólicos, es el centro del amor. En el cuerpo físico es también el órgano más afectado por la abundancia o la falta de amor. Es el centro de energía del amor. El cuerpo humano es intrincado y cada órgano del cuerpo tiene diferentes propósitos. Es también el lugar más asociado con el alma. Sin embargo, el alma no reside en el corazón ni el corazón en el alma. Al igual que el cerebro, están separados y a la vez son parte el uno del otro. El alma abarca tu ser completo; lo que está en tu cuerpo y en tu campo de energía.

ANNA: ¿Qué quieres decir cuando dices que el alma está en nuestros campos de energía?

MARÍA: Tu campo de energía es simplemente tu vibración. El alma vibra y forma parte de tu campo de energía. Tu campo de energía es parte de tu composición. Me estoy repitiendo, lo sé, pero este es un concepto difícil para la gente. Siente mis palabras, absórbelas y lo entenderás.

ANNA: Esto es difícil de entender. ¡No estoy segura de entender lo que me dices! Pero necesito saber más... ¿El alma se presenta sabiendo cómo va a resultar la vida?

MARÍA: No, el alma aprende y vive en la tierra a través de las acciones y reacciones de su forma humana. No existe el destino;

sólo las jornadas. Nada está escrito. Aún así, el alma se presenta sabiendo lo que debe saber e influye en la mente (que es parte de ella) para escoger un camino u otro. Actúa como una especie de brújula para la mente.

ANNA: Entonces cuando morimos, ¿el alma continúa viviendo? ¿Y qué pasa con el cuerpo?

MARÍA: Una vez que está muerto, el cuerpo es nada. Se descompone y vuelve a ser polvo. Regresa a su forma de ser nada. Se desintegra y regresa a la tierra. La gente construye mausoleos para presentar sus respetos al cuerpo físico de la persona muerta, pero el cuerpo es insignificante. Es el alma la que continúa.

ANNA: ¿Qué pasa si no completa su misión?

MARÍA: Al alma se le da la opción de regresar a la tierra para tratar de aprender otra vez. En el curso de nuestra evolución espiritual la gente adquiere la habilidad de alcanzar dicha espiritual. Cada uno de nosotros se encuentra en un estado diferente de evolución espiritual y la experiencia de dicha se relaciona con el estado de evolución espiritual de la persona.

ANNA: ¿Qué es dicha espiritual?

MARÍA: Cuando el alma siente alegría y felicidad total, cuando está libre de restricciones del cuerpo y de su dolor.

ANNA: ¿Qué es evolución espiritual?

MARÍA: Esa es una pregunta compleja. El propósito del alma al regresar a la tierra después de muchas veces es aprender a ser más como Dios y estar en perfecta unión con Dios. Es el balance en el alma de conocimientos, sabiduría, compasión, amor hacia Dios, fe en Dios, conciencia de Dios y rechazo a todo lo que no sea de Dios. Al principio de la evolución del alma, esta es ignorante en cuanto a su naturaleza y sólo percibe a través de sus cinco sentidos. Según el alma evoluciona a través de vidas vividas, se produce un despertar a la naturaleza más esotérica y a la conciencia de este proceso. El alma continúa hasta que alcanza su dicha.

ANNA: ¿Tiene el alma memoria alguna de sus vidas pasadas? ¿Por qué los humanos no recordamos?

MARÍA: Sí, el alma lo recuerda todo. Es difícil para el alma regresar a la vida en la tierra después de estar en el reino Divino. Sin embargo, el alma ama a Dios de manera innata y opta por aprender lo que no aprendió en vidas anteriores. También se esfuerza por alcanzar una conexión más profunda con Dios que sólo puede lograrse viviendo otra vez en la tierra.

ANNA: ¿Todas las almas reencarnan?

MARÍA: Jesús no reencarnó porque vivió y murió en perfección. Yo no reencarné porque podía servir mejor ayudando a la gente de mi pueblo en el reino celestial. Pero, todas las demás almas reencarnan.

ANNA: ¿Puedes hablarme más de la reencarnación?

MARÍA: Cada vez que el alma reingresa a este mundo trae un propósito Divino. Los que siguen la cábala le llaman a esto "gilgul haneshamot," o el ciclo del alma. Los hindúes explican que la reencarnación es la manera natural en que el alma evoluciona de la inmadurez a la iluminación espiritual, y que el alma es inmortal pero habita un cuerpo tras otro en la tierra durante su jornada evolutiva. Es así para aprender lo que no aprendió en las encarnaciones anteriores. Su propósito es alcanzar un estado de pureza en el amor perfecto que es Dios.

ANNA: Pero ¿por qué no puede el alma simplemente aprender sus lecciones mientras se encuentra en el reino Divino?

MARÍA: El reino Divino está más allá de todo lo que hemos vivido en la tierra porque todo existe en un estado de amor incondicionalmente puro y de paz, lo cual lo hace perfecto. Dios llena su reino de energía impecable e infalible. No hay nada incorrecto, sólo correcto. El alma necesita regresar a un sitio imperfecto, un sitio lleno de bien y mal, justo e injusto, para "reparar" los errores y las transgresiones cometidas en vidas anteriores. Al alma se le otorga otra oportunidad para redimirse. En su mayor parte, el alma puede tener los mismos desafíos a los cuales sucumbió en su vida anterior y se le da la oportunidad de superarlos. Hay almas que no regresan para su propio crecimiento y beneficio sino para beneficiar a otros. Esto puede ser para ayudar a una persona o a un grupo grande de personas. Esto es usualmente un alma evolucionada la que hace esto. Esto se hace con gran compasión y amor.

ANNA: Madre, si estamos aquí para aprender lecciones y corregir errores pasados, tendría sentido si pudiéramos recordar nuestras vidas anteriores y corregirlo todo esta vez. Pero la mayoría de la gente no recuerda sus vidas anteriores. Parece ser una especie de acuerdo… Entonces, ¿hemos estado de acuerdo en olvidar nuestras vidas anteriores y por qué?

MARÍA: Hija mía, estás procurando la lógica de un ser humano, pero va más allá, es mucho más. No recordar vidas anteriores les da a personas la libertad de tomar opciones diferentes. Pueden entrar en relaciones nuevas y escoger diferentes caminos en la vida para expandirse y evolucionar como un alma en lugar de vivir de una manera que reconozcan y les sea cómoda. ¿Comprendes?

ANNA: Creo que sí… así que, si alguien me hizo daño en una vida anterior, ¿puede que no pueda dejarla entrar en mi vida actual e incluso tratar de cobrármelas?

MARÍA: Correcto. Además, Dios desea que tus lecciones se aprendan bien. Así que si olvidas tu vida pasada tienes libertad de aprender tus lecciones sin conocimiento alguno de lo que hiciste en tu vida anterior.

**ANNA:** Entonces, si yo en una vida anterior hubiera sido una dictadora horrible que controlara al pueblo a base de miedo, necesitaría regresar para aprender a no ser cruel, controladora y autoritaria lidiando con la gente.

**MARÍA:** Sí, y por no recordar las vidas pasadas, la vida actual resultaría más fácil. Mucha información de las vidas anteriores complicaría tu vida actual. Estarías encontrándote con gente que conocías en otras vidas cuya relación contigo sería diferente en la vida presente. Comprometerías su acuerdo de almas para ayudarse uno al otro a aprender y a evolucionar en situaciones distintas asumiendo diferentes roles en cada relación. ¡Sería todo tan confuso! Tu mamá de una vida pasada podría ahora ser tu hija. Podrías revertir psicológicamente si la reconocieras como tu madre de otra vida. Sería tan complejo.

**ANNA:** Creo que ahora entiendo. Madre, hablaste antes de la perfección. ¿A qué te refieres con la perfección?

**MARÍA:** El alma procura amor perfecto para Dios. Esto implica amarte a ti misma y a los demás sin juicios y sin límites. También significa honrar a Dios sobre todas las cosas. No ser perfecto físicamente, pero sí es una perfección más allá. Es unirse a Dios en amor y vibración absoluta. Es difícil alcanzar ese estado fuera del reino celestial, pero puede lograrse. Cuando tu amor por Dios te motiva a vivir tu vida enfocándote en lo que él quiere para ti y para el mundo, cuando colocas el amor y la compasión para todas las personas, incluyéndote a ti misma, en primer lugar porque reconoces su energía en todas las personas, tu amor alcanzará la más alta vibración y te relacionarás perfectamente con su amor. Eso es lo que realmente es procurar alcanzar este estado perfecto que el alma añora. No puedes amar a nadie excepto a Dios de esta manera. Este estado que crea el amor perfecto suplanta cualquier otro amor que la humanidad conoce. Sólo Dios que es consistente en ser "El Que Soy" puede aceptar y devolver este amor. Su amor es siempre perfecto.

**ANNA:** Utilizaste el término "El Que Soy" refiriéndote a Dios. ¿Puedes explicarme lo que significa?

**MARÍA:** Me complace mucho compartirlo contigo. Verás la belleza y magnificencia de "El Que Soy". Según está escrito en el Antiguo Testamento, Moisés le dijo a Dios, "Supongamos que me dirijo a los israelitas y les digo: 'El Dios de sus padres me ha enviado a ustedes', y ellos me preguntan: '¿Cuál es su nombre?'. ¿Qué les digo entonces?". Dios le dijo a Moisés: "SOY EL QUE SOY. Esto es lo que debes decirles a los israelitas: 'EL QUE SOY me ha enviado a ustedes'". Lo que Dios está comunicando es su absoluta realidad más allá de todo lo demás. Su nombre es insignificante, él simplemente es. No hay principio de su energía ni fin. Él es simplemente el poder que es. Además, como Dios no está determinado por una fuerza fuera de sí mismo, su naturaleza consistente está implícita en "El Que Soy". Él no cambia. Él no califica "El Que Soy". Él simplemente es. Es así que cuando Moisés regresa a su pueblo para hablar del poder que vino a él, no necesita calificarlo tampoco. Porque no hay calificadores, "El Que Soy" nunca cambia. Por ejemplo, puedes decir, "Tengo hambre". Pero después que consumes tu alimento esa frase deja de ser válida y puedes decir, "No tengo hambre". Además, "El Que Soy" significa su gran poder. "El Que Soy" es por tanto una energía que nunca se agota, nunca es menos que "El Que Soy". Además, cuando Dios dice SOY EL QUE SOY, él retira toda objetividad. Nadie necesita tener una visión diferente de Dios. Él no puede ser diferente de lo que es. Él no cambia para acomodar a la gente; él es la misma energía para todos. Porque él es "El Que Soy", él no se adapta a nosotros; más bien debemos nosotros aceptar su energía tan perfecta y correcta tal como es.

ANNA: ¡Oh, es fenomenal que esas simples palabras signifiquen tanto! ¿Y qué me dices de las almas gemelas? ¿Existen realmente?

MARÍA: Las almas reencarnan en racimos o grupos de almas para apoyarse y enseñarse mutuamente. A un nivel físico, puede incluso haber un sutil reconocimiento de conocer a alguien, aunque en un nivel físico puede ser un primer encuentro. A veces dos almas reencarnan después de encarnar muchas veces en diferentes épocas y se unen energéticamente. Eso sería un alma gemela. Sin embargo, no es necesariamente una relación o energía romántica. Es simplemente apoyo mutuo. Y las almas pueden tener más de un alma gemela.

ANNA: Mencionaste que hacemos pactos con otras almas. ¿Regresamos repetidamente con las mismas almas o grupos de almas?

MARÍA: Sí, a través de distintas eras reencarnarás una y otra vez con las mismas almas. Existe cierto entendimiento dentro de esos grupos de almas. Tendrías un rol diferente en el grupo. A través del tiempo puedes ser la madre, el padre, el hijo o el amigo de otra alma.

ANNA: ¡Esto es realmente asombroso! ¿Pero cómo puede la gente mantenerse en contacto con sus almas?

MARÍA: La gente debe orar y meditar. Pídanle a Dios que permita que los mensajes de las almas lleguen a su destino. La gente puede también preguntarle a sus almas que les muestren sus propios caminos y los actos necesarios para conectarse en sus jornadas de vida.

ANNA: ¿Nos enseñarás a orar?

MARÍA: Es el deseo de mi corazón.

## *Meditación para el capítulo dos*

+ Cierra tus ojos suavemente y respira. Pídele a los ángeles que te rodeen en un brillante círculo de luz, amor y protección. Imagina una columna de luz del cielo situándose encima de tu cabeza, esparciéndose a través de tu cuerpo y anclándote al centro de la tierra. Siente esta maravillosa luz subiéndote por la columna vertebral desde la punta de los dedos del pie. Permite que el cuerpo se relaje mientras te concentras en la respiración. Fíjate cómo tu pecho sube y baja mientras aspiras todo lo que es bueno y justo en el universo. Sé consciente de que te estás llenando los pulmones con la respiración Divina de Dios. Imagina tu respiración como una ola suave que se mueve de atrás hacia adelante. Sientes el cuerpo relajarse cada vez que exhalas mientras dejas ir estrés, negatividad y todo lo demás que no te sirve. Sé consciente de esta maravillosa sensación. Es realmente un regalo permitir relajación y paz en tu mente, cuerpo y alma.

+ Permite que la energía de María, de su amor y paz, entre a tu cuerpo cada vez que inhalas. Exhala todo el estrés, la ansiedad, la ira, la animosidad, la autorecriminación y todo lo que se atraviese en el camino que te conecta con el cielo. Según te muevas hacia este lugar magnífico de relajación total, comienza a sentir una sensación de paz que se mueve a través de tu cuerpo. Es una sensación maravillosa. Disfruta esta paz y relájate. Según continúas sintiendo que tu pecho sube y baja al respirar, imagina que hay una sedosa luz azul pálida rodeando tu cuerpo. Sientes su suave vibración dando vueltas alrededor tuyo, alertándote y llenándote los sentidos. Simplemente permítete existir. Reconoce que es buena. Deja que esta vibración te abrace suavemente. Reconoce que esta vibración es la Madre María. Permite que su cálida presencia desplace el foco de tu respiración hacia el suave palpitar de tu corazón.

+ Visualiza tu corazón creciendo en tu pecho al permitirle entrar. Mira cómo el suave color azul circula alrededor tuyo y facilita la entrada en tu cuerpo físico y en tu corazón. Imagina que tu ser completo se extiende hacia ella, para ser parte de ella. Al permitir que la suave luz azul te llene el corazón, reconoce que María y tú se están mezclando enérgicamente, fundiéndose en una única esencia. Deléitate en saber que estás vibrando con su energía. Al respirar, comienza a sentirla más y más y permítete ir a una mayor profundidad. Ahora imagina un espacio claro, libre de pensamiento, y permite que tu respiración deambule en silencio. Visualiza a María de pie delante de ti; cualquier imagen que funcione para ti será adecuada. Ella puede continuar teniendo el color pálido azul o ser un sentimiento, o tal vez quieras personificarla. Cualquier cosa que sea buena o se sienta bien. Mírala extender su mano o mira cómo se extiende su energía hacia ti.

+ Ella te muestra una reflexión de tu alma en el espejo. Oye a María decirte: "Éste es el verdadero tú, el que fue hecho en la imagen de Dios". Puedes verte el alma en cualquier forma que quiera presentarse; a veces la gente ve una luz bella, otros reportan ver una simple versión de su propio ser físico. Debes saber que no hay una reflexión correcta. Al estar de pie frente a este espejo, es posible que quieras hacerle preguntas a tu alma. Puedes querer pedirle a tu alma que te guíe, te sane o que se presente ante ti con mayor claridad en la vida diaria. Nota cualquier sentimiento, físico o emocional, que esté ocurriendo en tu cuerpo. Siéntate con tu alma durante el tiempo que quieras y debes saber que Dios te está protegiendo y permitiendo que recibas sabiduría.

# 3

# Ora conmigo

*¿Qué es una oración?*
*¿Cuál es la manera correcta de orar?*

**ANNA:** Madre, ¿por qué tienes el deseo de que oremos?

**MARÍA:** Es una manera directa de comunicación con Dios, que adora cuando sus hijos vienen a él. Cuando oras, incluyes conscientemente a Dios en tu vida. ¡Dios se llena de gozo cuando lo invitas a entrar en tu vida!

**ANNA:** Si Dios lo sabe todo, ¿por qué necesita oír lo que nosotros decimos?

**MARÍA:** ¿Por qué tu esposo tiene que decirte que te quiere? ¿No es algo que ya sabes? No es una cuestión de por qué estás orando, sino más bien el acto de presentarse ante el más alto poder y conectar con su energía o simplemente darle gracias por la abundancia en tu vida. Haciendo esto, tu fe aumenta y crece tu deseo de estar con Dios. Esto es también una entrega del control al poner tus deseos y necesidades en las manos de Dios. Por ejemplo, si tu esposo te dice que te quiere pero sus acciones indican algo diferente, tú sabes que tu relación deja mucho que desear. Lo mismo es cierto cuando oras. La oración debe coincidir con la manera en que vives. De ese modo, tu vida diaria se convierte también en una oración viva.

ANNA: ¿Pero cómo puede mi vida convertirse en una oración viva?

MARÍA: Debes caminar con Dios, no sólo hablar con él. Debes reconocerlo en todo lo que sientes y ves. Tus acciones deben ser consistentes con el amor que él te envía a ti. No es solamente recibir los milagros a través de la oración, sino ser un conducto del amor de Dios hacia ti misma y los demás. No seas como esos que pretenden orar de rodillas, diciendo palabras de adoración a Dios pero dándole un trato horrible a los demás.

ANNA: Entiendo… debemos ejercer la santidad y no simplemente "hablar por hablar" sino ¡predicar con el ejemplo! Tú mencionas entregarse. ¿Eso quiere decir que una vez que oramos y nos entregamos, podemos ponerlo todo en manos de Dios y no hacer nada?

MARÍA: Entregarse no significa renunciar a la responsabilidad. Cuando nos entregamos, puede que tengas que renunciar a un poco de control. Dios se asociará contigo para permitir que tus oraciones sean respondidas. Él te dirigirá. Eres fuerte e inteligente y debes usar esos atributos bajo la dirección de Dios. Ya sabrás cómo. Los seres humanos son personas intuitivas capaces de sentir y discernir. No ignores esta manera de "saber". Asociado al poder de Dios, encontrarás las respuestas. Dios te traerá gente y situaciones para que tus oraciones sean realizadas. En oración, despiertas una parte de tu ser para poder viajar con Dios y encontrar las respuestas que tanto deseas.

ANNA: ¿Cómo debe orar el mundo?

MARÍA: Cada persona haría bien en buscar esa respuesta en su corazón. La mejor oración es la que combina todo el corazón, el alma, la mente y el ser. Esto permitirá la entrega a la voluntad de Dios. Haciendo esto, la vibración de la persona que está orando se eleva al nivel de la vibración Divina. En la oración, debes vaciarte ante el Señor. Así como soy un vehículo para la Divinidad, así lo serán los demás. Ora creyendo en lo que oras. Con fe será recibido. Aunque te detengas temporalmente durante el día para decir una palabra simple a Dios, es una oración; un reconocimiento de tu parte de que vives en unión con Dios. Mantente en unión con Dios y conmigo en tus rutinas diarias y tu vida. Ora siempre con fe pura creyendo que tus oraciones serán respondidas. Ora siempre con gratitud. Comienza tu oración diciendo, "Gracias, Dios...", porque Dios es magnífico y desea tu reconocimiento de que todo lo bueno viene de él.

ANNA: Dices que la "mejor oración es la que combina el corazón, el alma, la mente y el ser". Creo que hago eso, pero ¿cómo puedo estar segura? ¿Cómo puedo realmente saberlo?

MARÍA: Sé que esto puede ser difícil de entender. La raza humana es compleja en el diseño de Dios. Todos ustedes están hechos de un intelecto, un alma, un corazón y un ser. El ser es tu cuerpo y tu esencia o alma. Orando con todas esas partes, usas palabras para hablar con Dios y expresar tu adoración, gratitud y deseos; abre tu alma para hablar en silencio con Dios; deja que tu corazón se abra y reciba. También deja que tu corazón le dé amor a Dios, lo cual energiza tus sentidos y tu cuerpo y esencia. Esto te ayudará a sentirte conectada con la energía de Dios. En oración, tu vibración se eleva al más alto nivel y estás en la presencia del Todopoderoso compartiendo una energía mientras todos estos aspectos de tu persona trabajan en congruencia. ¡Qué maravilla! Si toda la gente pudiera entender esto, ¡el mundo estaría orando constantemente! La mente tiene la habilidad de conectar con el alma a través de la oración ¡y de permitir al alma cantar alabanzas al Señor! Este es un estado de gracia. Sin embargo, no te dejes disuadir si te toma tiempo alcanzar este estado; paciencia, intención, amor y sinceridad te llevarán allí. Nunca te des por vencida. Toda persona puede alcanzar este lugar de santuario con el Señor. Cuando ores, deja atrás el mundo consciente y permanece presente con Dios. Trata de no pensar, sino de sentir. Vacíate abriendo el corazón y el alma a Dios. Que sea esa la intención y lo será. Al comenzar a orar, es posible que sientas que tu cuerpo deja ir ansiedad y una sensación de paz se apodera de ti. Ese sentimiento ocurre al rendirte y entregarte a Dios. A cambio, Dios te llenará con un sentimiento de pura paz. Eso es lo que se siente cuando oras con todo tu ser. Además, la intención de hacerlo bien y correctamente con Dios te guiará para abrir cada parte de lo que eres. Es la manera en la que yo oraba y cómo oro ahora. Soy un ser que lleva dentro la luz de la Divinidad. Yo era ese ser cuando estaba viva y lo soy ahora. Me entregué completamente a ese Poder. Oré con fe. Todo ser humano tiene esa misma habilidad.

ANNA: ¿Cómo ora uno con fe? Yo pensaba que la oración aumentaba la fe y no lo contrario.

MARÍA: Es de las dos maneras, mi querida. Creer que mereces comunicarte con Dios y que tus oraciones son oídas y serán respondidas es un acto de fe. Eso aumentará debido a su propia naturaleza, tu fe en Dios como el poder omnipresente que responde las oraciones. No comiences a orar pidiéndole y rogándole, sino más bien dale gracias a Dios de que tus oraciones serán realizadas. Un acto de fe se produce al reclamar las respuestas a tus oraciones sin la validación de verlas realizadas. Debes saber que Dios te ama y desea que vivas en alegría y abundancia de espíritu. Dios no quiere castigarte ni obligarte a rogarle a sus pies. Dios es amable y bueno y, como su creación, como parte de su energía, eres digna de que tus oraciones sean respondidas. Las oraciones son como capullos de flores al principio de la primavera, extendiéndose hacia el cielo para que la luz les dé crecimiento. Claro, las oraciones deben ser para tu bien o para el bien del mundo. Las oraciones no se formulan para dañar o entorpecer a otra persona o criatura. Las oraciones deben venir del corazón y el alma, no del ego. He aquí una sugerencia de cómo puedes orar: *Gracias, Dios, por todas las bendiciones que he visto y por las que aún no he visto. Con fe, doy la bienvenida a todas las bendiciones que vienen por mi máximo bien y el máximo bien de mi familia, amigos y el mundo. Con gran amor hacia ti, mi Señor, gracias por el gozo y la felicidad que he vivido, así como el gozo y la felicidad por venir. Gracias por ayudarme a crecer y aprender de mi dolor. Abro mi corazón para recibir todo lo que me estás enviando a mí, a mi familia y a mis amigos.* Esta es una simple oración que nace del corazón con gratitud y amor. La mayoría de las personas complican la oración; trata de mantenerla simple. Ora desde tu corazón. Y cuando no tengas palabras, da todo lo que tengas en el corazón a Dios, diciendo: *Señor mío, sabes lo que hay en mi corazón. Lo elevo a ti por no tener palabras para comunicarte todo lo que deseo entregarte en oración.* Siéntate en silencio después de orar y deja que Dios venga a través de ti en cualquier manera que le resulte perfecta. Puedes sentir que una calma se apodera de ti o un sentimiento de innegable amor. Puedes incluso escuchar palabras que expresen respuestas. Les deseo a todos que abran sus corazones y sientan la energía y el amor de Dios moviéndose a través de ustedes.

**ANNA:** Aunque la oración que me acabas de dar no es una oración específica, entiendo que podamos pedir respuestas a temas específicos en oración. Por ejemplo, gracias por el regalo de mi hija haber encontrado una pareja que la amará y la honrará. ¿Tengo razón en creer que esta oración puede ocurrir antes de que su pareja se haya materializado en el momento presente?

**MARÍA:** Sí, esa es una oración de fe. No ves realmente la manifestación y la realización de la respuesta mientras oras, pero crees tanto en el poder de Dios que pides la respuesta por adelantado.

ANNA: ¿Cuál es la diferencia entre una oración y una intención?

MARÍA: ¡Las palabras! ¡Las palabras pueden confundir! En cuanto a oración e intención, todo depende de cómo las estés usando. Cuando la oración y la intención se usan juntas estás combinando tu propia energía con la de Dios y reconoces que sólo co-creando con Dios tus oraciones se convierten en realidad. Sé que esto puede ser confuso, así que déjame explicar: Una intención incluye tu ego y manifiesta tus deseos. Sin embargo, nada ocurre sin el poder del Divino. Cuando la oración y las intenciones se combinan, terminas asociándote con Dios. Reclamas la intención en la oración como contestada, renuncias al control de tu ego para moverte hacia la energía de Dios, y le permites a Dios crear junto contigo. Al manifestar tus intenciones con la oración, estás actuando con fe. Haciéndolo así, combinas tu más alta vibración y co-creas con Dios. Ustedes son creaciones de Dios; son una extensión de su amor y todos son dignos.

ANNA: Tantas personas te oran a ti y a otros en el cielo. ¿Debe la gente orarte a ti además de a Dios?

MARÍA: No, pídemelo y yo oraré contigo. Yo no soy Quien responde las oraciones. Soy la intermediaria que fortalece tus oraciones en el camino hacia Dios. Puedo ayudarte a abrir los ojos a los milagros que te rodean si así lo pides, pero no puedo diseñar milagros. Yo soy la sirvienta del Señor pero no soy el Señor. Es igual que cuando oras con los santos, profetas, ángeles u otros seres en tu religión. Ellos orarán contigo.

ANNA: Dices que si creemos con fe será recibida, pero la gente ora todo el tiempo y sienten que sus oraciones no son respondidas. ¿Cómo puede ser eso si esas oraciones se dijeron con fe?

MARÍA: Oh, hija mía, esto es tan difícil para la gente. Me parte el corazón ver el dolor y la ira hacia Dios cuando las oraciones no son respondidas exactamente como la gente quiere. La gente nunca debe dejar de orar, pero entiende que muchas veces lo que desean en oración puede que no sea para su mejor beneficio o el de la persona por la que están orando. Tus oraciones se responden llamando la atención a una situación y permitiéndole a Dios que haga lo que es mejor. Dios lo sabe todo y es un Dios de amor. Entiendo el dolor que produce una oración no contestada. Oré por que mi hijo no muriera y, sin embargo, su vida terminó de un modo horrible. Me sentí desamparada y sufrí profundamente. Pero he pensado que esto no era sólo para el más alto beneficio de Jesús sino para el mayor beneficio del mundo. Esta comprensión fue un alivio para mi corazón herido. Por el resto de mis días y ahora eternamente, todavía oro y sé que las oraciones son respondidas.

**ANNA:** No puedo imaginar tu dolor. ¿Estabas enojada con Dios? ¿Cuánto tiempo te tomó después de la muerte de Jesús para hacer las paces con Dios?

**MARÍA:** Yo siempre estuve en paz con Dios. Sin embargo, padecí un gran dolor emocional durante los últimos días de la vida de mi hijo y durante su persecución. Fui testigo de la pureza del amor que repartió a todas las personas mientras lo rechazaban. Como madre y persona que lo amó a él y a su mensaje, me causó un gran dolor la forma en que lo trataron. No entendí completamente la verdadera razón por las circunstancias del sufrimiento de mi hijo, pues no me lo dijeron hasta después. Sin embargo, mi fe en Dios nunca flaqueó. Estaba enojada porque lo torturaron y lo atormentaron. Sentía ira y frustración de que la gente no pudiera entender que Jesús vino a mostrarles cómo salvarse. En lugar de ello, mataron al que vivía para ellos. La gente dice que Jesús murió por los pecados de la humanidad. Eso no es totalmente cierto. Él vivió por los pecados de la humanidad; para ayudar a enseñarle a la gente cómo vivir y no pecar ni cometer transgresiones contra Dios; y aun así no pudieron escuchar su mensaje. No pudieron ver que él sólo quería amarlos y traerles la paz que buscaban. Dios no destruyó la carne de mi hijo; fueron los hombres. Como su madre, la que lo trajo al mundo y lo amó como sólo una madre puede amar, el dolor que mi hijo padeció me desgarró y dejó desecha una parte de mi ser. Guardé luto por Jesús y lo añoré por el resto de mis días en la tierra. Seguí adelante y viví mi vida, dando y recibiendo, sonriendo y llorando, pero sin nunca olvidar el dolor. El dolor estaba albergado en mi corazón, pero mi vida siguió. Reconocí que la vida es un regalo y debe vivirse. Viví por mi hijo y mis otros hijos y ayudé a divulgar el mensaje de Jesús. Con mi muerte, Dios liberó mis sentimientos de ira y de perdón. Amé tanto a mi hijo, le guardé luto y lo extrañé. Sin embargo, reconocí a los pocos días de su muerte que sus palabras y la bondad de la que habló cambiaría a mi gente y el mundo entero si optaran por oírlo. Y así fue y así es.

ANNA: ¿Qué papel juega el destino en las oraciones no respondidas? Por ejemplo, si yo oro que un ser querido enfermo se cure y no ocurre así, ¿quiere decir esto que ese era su destino?

MARÍA: Mi querida, eso es un asunto complicado. La respuesta envuelve la fe y dejarle el control a Dios. Si oras por que se cure, pero eso no es del mejor interés del individuo, la oración se responderá basada en las necesidades de esa persona. Pero déjame aclararte: no se trata de un destino, dado que el destino implica predestinación. Cada uno de ustedes tiene libre albedrío y puede cambiar su vida como resultado de decisiones que tome. Entiendo que estás orando, o así lo crees, por lo mejor para tu ser querido, pero tienes que tener fe en que Dios sabe lo que es mejor. Ora entregándote a ti y a tus seres queridos a la voluntad de Dios. Es un acto de pura fe pues le estás entregando el control a Dios mientras tú optas por no hacer nada. Todas las oraciones se responden, pero no siempre de la manera en que tú quisieras. Ten fe y ten la seguridad de que tus oraciones son escuchadas.

ANNA: Esta manera de orar puede ser muy desafiante.

MARÍA: Sí, es muy difícil entregarle el control a Dios. Yo lo sé bien. Tuve que entregar el control a la voluntad de Dios para mi hijo. Sin embargo, Dios tenía un plan que estaba muy por encima de mi entendimiento. Debes saber eso bien.

ANNA: Pienso que mucha gente quiere estar segura de que Dios responde sus oraciones de una manera que se ajuste a lo que ellos consideran lo mejor. Pueden tener miedo de lo que resulte ser la respuesta.

MARÍA: Mi querida, este miedo a Dios me duele. Este temor viene de la creencia de que Dios va a causar daño de alguna manera; habla de la falta de amor, Dios es amor, y todo ello viene del hecho de que Dios representa el amor. No hay razón alguna para sentir miedo. Puede que a la gente no le guste la respuesta a la oración o no entiendan la respuesta en el primer momento. Sin embargo, la gente debe confiar en Dios.

ANNA: He leído que el temor es lo contrario del amor. ¿Es cierto eso?

MARÍA: Sí, el mundo debe saber que el temor es lo opuesto al amor. En el temor no hay amor ni fe. Hay desasosiego y la necesidad de protegerse. En el temor, hay una limitación de energía que no permite que se integre con la de Dios. Los separa y deja a uno sintiéndose solo y no amado. En el amor, hay fe y entrega. En el amor hay consuelo. En el amor está Dios, Dios es amor. El temor y el amor son fuerzas opuestas. ¿Comprendes?

ANNA: Sí, entiendo pero estoy confundida por el uso de la palabra *temor* en los textos sagrados. En la Biblia se habla de "temer a Dios". Si el temor es lo opuesto del Amor, ¿Por qué Dios va a querer que le tengamos miedo?

MARÍA: La Biblia la escribieron hombres y se tradujo de un idioma a otro. Los hombres entendían el poder y gobernaban usando el temor. Muchas generaciones han gobernado con el miedo. Tenía sentido entonces, y para algunos ahora, cuando si Dios es un poder, entonces hay que temerle, pues puede destruirlos a todos ustedes. Estas ideas me hacen sentir tristeza por el mundo. Dios no desea que le teman sino que lo amen y respeten. Dios no procura castigar sino amar. Ama a Dios con todo tu ser; hónralo y alábalo pero no le temas. El temor va a eliminar tu relación con Dios. Dios quiere acogerlos a todos.

ANNA: Entonces, si Dios es amor, ¿de dónde viene el temor?

MARÍA: El temor viene de un lugar que tiene la habilidad de alejarte de Dios. Lo que te aleja de Dios no tiene que ver con la luz. Y así les digo, hijos míos, no permitan que el temor los aleje del amor y la oración. Oren con todo el corazón y recuerden que Dios es una energía de perfecto amor y los ama incondicionalmente. Sus oraciones son escuchadas y respondidas con puro amor.

ANNA: ¿Puedes elaborar sobre el lugar donde reside el temor?

MARÍA: El temor reside en cada uno de ustedes y es manipulado por la falta de control. Esta falta de control se manifiesta en energía negativa que te separa de Dios. Temor, ira, depresión, ansiedad, lo cual conduce a agitación interna.

ANNA: Muy bien. Con eso en mente, tengo curiosidad sobre el poder de la oración. ¿Tiene poder de verdad?

MARÍA: Hija mía, cuando uno conecta con el Señor, la oración se hace todopoderosa. La oración no es una simple expresión de la mente; cuando el corazón y el alma se involucran, no puede haber una fuerza más poderosa en la tierra. Y cuando la gente se reúne para orar, las montañas hacen eco de sus palabras y la energía y los ángeles cantan con ellos. Todas las personas pueden orar.

Dios se regocija cuando la gente ora y viene a él. Él es el Padre, el Creador, y quiere entrar en la vida de cada persona. Cuando la gente ora se produce una aceptación de la relación Padre-hijo. Sin embargo, aún una oración solitaria contiene una cantidad tremenda de poder. Es la espada que protege y corta a través de todos los problemas del mundo.

**ANNA:** Muchos dicen que las oraciones en grupo tienen más fuerza. ¿Es cierto eso?

**MARÍA:** Orar en grupo es una experiencia diferente. Cuando la gente se reúne a orar en unísono es como música del cielo. Según oran se van uniendo unos con otros, cada persona añadiéndole fuerza a la oración. Sin embargo, orar solo y vaciar tu corazón tiene también sus méritos y fortaleza. Tus oraciones en soledad son especiales; comienzas a reconocer que tu alma puede elevarse para hablar. Cuando oras sola, pídeme a mí, a los ángeles, a los místicos, los profetas y los santos que oremos contigo. Tus oraciones reunirán la fortaleza y el poder del cielo y se presentarán a los pies de Dios.

**ANNA:** He oído de estudios que sugieren que cuando la gente ora por una persona enferma hay más casos de curación que cuando no hay nadie orando. ¿Es cierto esto?

**MARÍA:** Esto es cierto, mi querida.

**ANNA:** ¿Quiere esto decir que si nosotros de verdad colectivamente oramos por la paz mundial, podría ocurrir?

**MARÍA:** ¡Sí, sí, sí! He venido y seguiré viniendo a la gente para orar por la paz, y sí, el mundo puede salvarse. Pero las oraciones deben ser seguidas por acción: debe demostrarse compasión y amor hacia todas las personas. Más personas necesitan orar por la paz y ser más amables con su prójimo. Yo soy la Reina de la Paz para todas las personas. No hablo de paz solamente para unos pocos escogidos sino para el mundo. Continúa orando por la paz y comportándote de manera que promueva unidad y amor y el mundo sanará. Comienza orando por la paz en tu familia, comunidad, país y luego el mundo. Visualiza el mundo en paz. Ora por la paz de corazón, de mente y espíritu y que se extienda la curación de persona a persona. Ora por que haya un cambio que ponga fin al combate, al terrorismo y al sufrimiento. La batalla por la paz se ganará, pero todos deben orar y vivir de acuerdo con las leyes del Amor.

ANNA: ¿Cuáles son las leyes del Amor?

MARÍA: Amar a Dios, a ti mismo y a todas las personas y criaturas de la tierra. A partir de ahí todo lo demás continuará.

ANNA: ¿Has estado presentándote y hablándole a tanta gente porque quieres decirnos cómo alcanzar la paz?

MARÍA: Sí, esa es una de las principales razones. Quiero ayudarlos a todos ustedes y al mundo a salvarse. Ustedes todos son mis hijos y creaciones de Dios. Y por eso repito, ora por la paz y diles a otros que hagan lo mismo.

ANNA: El mundo está lleno de gente siguiendo diferentes religiones que enseñan distintas oraciones. ¿Debemos repetir esas oraciones también, o simplemente hablar con Dios?

MARÍA: Debes hacer lo que te parezca correcto. Cuando un sufí recita su oración en la mañana —"Alabanza sea a ti, Máximo Supremo Dios"— la oración no solamente es sagrada sino que también la están repitiendo muchos sufís alrededor del mundo, agregándole poder a la oración y propiciando una unidad entre todos los que están orando y Dios. Es correcto y bueno. Lo mismo es cierto de oraciones en otras religiones. Si los que recitan las oraciones específicas de su religión sienten una conexión con el Divino a través de estas oraciones, entonces es correcto y bueno.

ANNA: ¿Pueden las personas repetir oraciones de otras religiones y unirse a todos los que están orando?

MARÍA: ¡Claro que sí! ¿Qué importa dónde se origina la oración con tal de que le hable a tu alma y tu devoción hacia Dios? Cualquier oración cuyas palabras le hablen a tu creencia en Dios te conectará con él y elevará tu vibración. Y es cierto que muchas oraciones son similares porque la energía de Dios les instruye que lo sean. Puedes repetir las oraciones de la religión a la que perteneces o puedes repetir las de otras religiones o incluso hablarle a Dios directamente desde el corazón y en tus propias palabras. Simplemente ora.

ANNA: ¿No puedo evitar hacer esta pregunta: ¿Existe una oración perfecta?

MARÍA: Como he dicho, no existe una manera perfecta de orar. Ora de la manera que te haga sentir conectada con Dios. No hay una manera mejor que otra. Lo más importante es que ores. Hay oraciones de muchas religiones cuyas palabras transmiten una energía y una vibración que son perfectas, pero igual tus propias palabras expresadas desde el corazón son perfectas. Jesús recitó la oración que quedó escrita: "Padre nuestro que estás en el cielo, santificado sea tu nombre". Él le dio esta oración a todo el mundo. Al igual que los niños, también tú vienes a Dios humildemente, dirigiéndote a él como Padre y reconociendo que él es el Padre de todas las naciones, el Único que nos guía y ama a todos. Su nombre es sagrado y honrado por todos. "Venga tu reino, hágase tu voluntad, así en la tierra como en el cielo". El mundo está añorando una unidad con Dios para compartir el paraíso, el reino, con él. Haciendo su voluntad y viviendo una vida que sea justa y buena, se puede realizar este reino. Y, mi queridísima, el reino está dentro de cada uno de ustedes. Búscalo mientras el reino de Dios se conecta con cada uno de ustedes. "Danos hoy nuestro pan de cada día". Esto es un llamado a Dios a que te alimente con su amor y te nutra en su luz de tal manera que puedas vivir de acuerdo con su voluntad. Es también una declaración de fe en que Dios proveerá "...y perdona nuestras ofensas como nosotros perdonamos a los que nos ofenden". El mundo está tan lleno de ira y resentimiento. En esta oración uno pide perdonar a otros tal como uno es perdonado. Te alinea con la energía de Dios al tiempo que hace a cada uno de ustedes más parecido a Dios. Perdonando como Dios perdona, puedes tú también ser perdonada. Haciendo esto te eleva al nivel más alto del amor. Siempre perdona y vive con un corazón abierto a todas las personas. Así como Dios reconoce tus caminos errantes y te perdona, pide ser como él al reconocer lo mismo en los demás y perdónalos. ¡Es fenomenal que así sea! "No nos dejes caer en tentación y líbranos del mal". En el mundo la gente siente tentación de tantas cosas. Según expresa esa línea, estás pidiendo protección contra el Mal. Dios te protegerá y enviará legiones de ángeles que te acompañen y te hagan fuerte contra todo lo que no sea Dios. Repite esta oración y deja que sus palabras te llenen y el corazón salga volando. Las frases de esta oración pueden repetirse una y otra vez y eso es bueno y justo. Sin embargo, su propósito era servir como ejemplo de cómo orar, cómo honrar a Dios y permitir que toda bondad y amor entre en tu ser. Entra a tu corazón y ora por cualquier cosa que le prenda fuego a tu alma. Si te sientes cómoda con esta oración, que así sea. Si no, ora en la manera que le resulte cómodo y bueno a todo tu ser.

ANNA: San Pablo dijo que debemos orar "sin cesar". ¿Cómo se puede lograr esto en nuestras vidas tan complicadas?

MARÍA: Debes recordar que la oración es un estado mental. No es solamente verbal sino también activo. Si eres una buena persona actuando con amor y en busca de unión y paz con los demás, entonces vives en oración. Si alabas a Dios sobre todas las cosas del mundo, estás viviendo en oración. Si vives en gratitud por las bendiciones recibidas y reconoces estos favores de Dios, entonces vives en oración. Vivir de una manera que respeta y ama toda la creación de Dios es una poderosa conexión con Dios que te hace más como él. Es una oración activa. Decir nada más "gracias, Dios" durante tu día y tu noche es una oración. Decirle a tu hijo que lo amas es una oración, pues esas simples palabras no pueden ser más elocuentes. Reconoce que eres un ser de la luz; nacido de la luz del mundo y cuando brillas en amor, te estás sanando a ti y al mundo que te rodea. Te conviertes en un faro de luz que ilumina a los perdidos y te llena con el espíritu de Dios. La gente reconoce la luz que brilla desde tu alma. Estás llevando el mundo a un sitio que acepta la paz. La oración verbal debe seguirse con la oración activa o permanecerá vacía e insustancial. Te imploro que ores y vivas en la bondad de la luz.

ANNA: Mencionaste anteriormente que hay otras maneras de orar, no solamente con oraciones escritas de varias religiones. A veces no tengo palabras para expresar lo que siento o simplemente no sé cómo entregarme a la oración. Hay ocasiones en que me encuentro demasiado cansada para orar realmente. ¿Cómo hago en esos casos?

MARÍA: No pienses demasiado, simplemente relájate y entrégate a Él y te llenarás del amor más alto. Pídele a los ángeles y a mí que oremos contigo. Permítete recibir su paz abundante.

ANNA: No te quiero molestar…

MARÍA: O, mi queridísima, ¿cómo puedes tú o cualquiera de mis hijos ser una molestia? ¡Yo soy tu madre, la energía que te implora que me llames para poder ayudarte y estar contigo! Nunca sientas que eres una "molestia" para cualquiera en el reino Divino. Nos llena de gozo que nos llames para orar contigo, ayudarte con la vida y ayudarte en el propósito de acercarte más a Dios. No importa por lo que ores, es el acto de presentarte ante Dios con humildad. Eso es lo más importante. Llámame, háblame, ¡déjame entrar! Mi mayor deseo es ser parte de tu vida y guiarte hacia el gran altar.

ANNA: Gracias, Madre. Es tan agradable saber que estás aquí para todos nosotros. Hablamos anteriormente de orar en silencio y sin palabras, pero muchas religiones —el hinduismo, el budismo, el cristianismo, así como ciertas ramificaciones del islam— utilizan cánticos como medios de oración. ¿Es esa otra manera de orar?

MARÍA: ¡Me encanta oír la música cantada o de cánticos! Y los ángeles se deleitan en la música y cantan a coro con todos. Sus voces son instrumentos de Divinidad y Dios se extasía por los sonidos. Los cánticos no son solamente musicales, sino que pueden cambiar la vibración del mundo con la belleza y pureza del sonido. A menudo no se requiere de un lenguaje para que la gente pueda cantar alabanzas a Dios en la vibración del cántico. Esté o no usando un mantra o simplemente un sonido para afinar, cuando su propósito es conectar con la Divinidad, es tan cautivador como un virtuoso moviendo sus dedos y creando música de su violín. Y con los cánticos, la vibración de la persona que canta al igual que aquellos que lo rodean se eleva a un estado más alto de la conciencia. Esto es cierto de toda oración, pero la belleza de los cánticos es que cuando no hay lenguaje y el corazón habla, tu conciencia no puede juzgar la oración. Tu alma es capaz de cantar a través de la vibración del sonido y abandonar la mente consciente. Recuerda que Dios tiene inteligencia pero es también su energía la que vibra. Cuando cantas, la vibración se mezcla con la vibración de la tierra, la gente de la tierra, todo el cielo y con Dios.

ANNA: ¿Estás diciendo que es mejor no pensar cuando estamos orando?

MARÍA: Depende. Algunas veces pensar y hablarle a Dios en tu idioma es bueno y adecuado; es bueno conectar conscientemente y concentrarse en Dios. Poder verbalizar y hablar con Dios es bueno. Otras veces es importante dejar que tu alma hable a través de los cánticos y la música. Pero lo importante es que ores de cualquier modo que sea, y será bueno para ti. No tienes que comprometerte de una u otra forma; puedes ser flexible. Sé devota a Dios y comunícate en cualquier manera que te haga sentir su amor. Fuiste creada para compartir tu alma, tu mente y tu ser en varias maneras con Dios, por lo que debes hacerlo así, y será bueno para ti.

ANNA: ¿Existe un cántico específico más fuerte que los demás?

MARÍA: Todos los cánticos y oraciones cuya intención sea alcanzar a Dios son buenos y correctos. Sin embargo, la entonación de Om es un sonido perfecto y es una vibración sagrada de Dios. Vibra con la tierra, toda la creación y el cielo. Los hindúes enseñan que, en el principio, cuando se estaba formando el mundo, la vibración de la más santa precedía al lenguaje. Al cantar Om, es más fácil ir al alma mientras los pensamientos se apagan y la vibración del sonido se apodera del cuerpo físico. El Om despierta el alma a la vez que al ser físico. Sin embargo, lo más importante es la intención de la canción o el cántico como una manera de conectar con Dios. Sé sincera en tus oraciones, sea un cántico, una oración oral, un pensamiento o una oración silente. Ninguno es mejor que otro. Todos son buenos y perfectos cuando buscas a Dios con un corazón abierto y sincero.

ANNA: Entonces los cánticos son otra forma de meditar, ¡una herramienta para llegar a nuestra alma! ¡Hay tanto que aprender! ¿Y la música? ¿Son las canciones oraciones?

MARÍA: ¡No me canso de repetirlo! ¡Los ángeles adoran la música! Cuando uno canta, los ángeles también cantan. La música que se haga para traer alegría, amor y unidad es una oración. Me encanta cuando ustedes cantan juntos. Sus corazones se hacen más ligeros y la gloria de Dios se revela en las notas. Dios es tan bueno; te creó para traer alegría, para ustedes y para él, en tantas formas diferentes. Manténganlo todo simple. No hay razón para complicar los talentos que se les han dado. Alábenlo, oren conmigo y con todos, oren solos, simplemente vayan detrás de sus corazones y dejen que sus oraciones se desarrollen orgánicamente. Todos ustedes son perfectos seres de luz, sonido e inteligencia. Ve adónde tu corazón te lleve. Y en la música que no tenga letra, todos pueden orar juntos. La música no tiene idioma, aunque abarca todos los idiomas. A veces las notas de la música pueden mover tu alma y unirla con otras personas de todas las naciones para elevar vibraciones unificadas al Poder más alto. Hay sitios en el mundo donde la música se interpreta intencionalmente para elevar la vibración y esa oración es bienvenida en el cielo.

ANNA: Me has pedido que incluya meditaciones en este libro. ¿Existe alguna diferencia entre meditar y orar?

MARÍA: En su sentido más puro, cuando la meditación se utiliza para abandonar la mente consciente y trasladarse al alma con el propósito de alcanzar a Dios, es una oración. La meditación puede utilizarse para muchas cosas, pero esencialmente es una conexión con el alma cuando la mente se echa a un lado. Cuando te trasladas a tu mejor parte —tu alma— puedes conectarte con el cielo.

ANNA: ¿Qué dirías de lo que se dice, que si profundizas en el alma puedes abrir una persona a la maldad? También hay quienes insisten en que la meditación pertenece sólo a las religiones que la enseñan como parte de su religión.

MARÍA: ¡Oh, hija mía, todo esto debería ser más simple! Meditar y conectar con tu alma y la esencia Divina que llevas dentro es perfecto y justo. Es una manera de vivir en una forma de la felicidad. Si la gente se protege invocando el poder de Dios, no hay nada malo o equivocado en eso. ¡Esta práctica no pertenece a una sola religión sino a todas!

ANNA: En el comienzo de este libro, expliqué cómo meditar. Sin embargo, no expliqué cómo hacerlo sin una guía ni cómo incorporar la meditación a la oración. ¿Puedes darnos algunas guías que transformen mis meditaciones no guiadas a una manera de conectar con Dios?

MARÍA: No compliques la meditación. Invoca el poder y la presencia de Dios. Ora con fe. Ora. Entonces al final de la oración entra en un estado de oración silente basado en la energía de tus pensamientos y palabras. Deja que tu respiración se conecte con la respiración de Dios. Permítete sentir y escuchar si Dios decide hablar contigo. Pídeme estar presente. Yo llenaré tu recipiente de amor y te ayudaré a recibir. Puede que sientas y conozcas mensajes de tu alma. Todo está bien y correcto.

ANNA: Gracias, Madre. Esta es una magnífica y hermosa manera de meditar y estar con Dios. ¿Crees que debamos enfocarnos también en las sagradas escrituras o las palabras santas de Dios escritas en varios textos sagrados?

MARÍA: Como quieras. La decisión es tuya.

ANNA: ¿Es la meditación con guías mejor que sin guías?

MARÍA: Ambas tienen su lugar. Es a discreción de la persona. Cada manera mueve a la persona a su alma.

ANNA: He leído que los científicos han descubierto que la meditación diaria puede cambiar las características de la mente de una persona para mejorarla. Esto, naturalmente, me hace pensar en el destino. ¿Es verdad que Dios quiere que podamos escoger nuestro propio camino en la vida? ¿Es correcto evolucionar como humanos?

MARÍA: Si Dios no quisiera que la gente escogiera su propio camino en la vida los humanos no serían más que máquinas o robots. Tus decisiones muestran tu amor por él y de unos por los otros. En tu libre albedrío puedes optar por ser más como él. Tu existencia terrenal es aprender, optar por ser la más genuina versión de ti mismo y una extensión del amor de Dios. La vida es una gran aventura y debe atesorarse.

## Meditación para el capítulo tres

✦ Cierra suavemente los ojos y respira. Pídeles a los ángeles que te rodeen en un círculo brillante de luz, amor y protección. Imagina una columna de luz del cielo situándose encima de tu cabeza, diseminándose por todo el cuerpo y anclándote al centro de la tierra. Siente esta maravillosa luz atravesándote la columna vertebral desde la punta de los dedos del pie. Deja que tu cuerpo se relaje mientras te concentras en tu respiración. Observa cómo sube y baja el pecho cuando aspiras todo lo que es bueno y justo en el universo. Observa que te estás llenando los pulmones del Divino aliento de Dios. Imagina tu respiración como una ola suave que se mueve hacia delante y hacia atrás. Siente cómo se te relaja el cuerpo cuando exhalas y dejas ir el estrés, la negatividad y todo lo demás que no te sirve. Toma conciencia de lo agradable que esto se siente. Es un verdadero regalo dejar que la relajación traiga paz a tu mente, cuerpo y alma.

- ✦ Permite que la energía de María, de su amor y paz, entren en tu cuerpo cada vez que respiras. Expulsa todo lo que no te sirva: estrés, ansiedad, ira, animosidad, autorecriminación y cualquier otra cosa que te impida conectar con el cielo. Al moverte hacia este magnífico lugar de relajación total, comienza a sentir una sensación de paz moviéndose a través de tu cuerpo. Es una sensación muy agradable. Disfruta de esta paz y relájate. Al continuar sintiendo que el pecho te sube y te baja cuando respiras, imagina que te rodea una sedosa luz azul pálida. Siente su vibración suave según da vueltas alrededor tuyo, alertándote y llenándote los sentidos. Simplemente permítete existir mientras esta vibración azul flota a tu alrededor. Es agradable. Deja que esta vibración te abrace suavemente. Reconoce esta vibración como la de la Madre María. Deja que su cálida presencia desplace la concentración de tu respiración hacia el suave latir de tu corazón. Visualiza el corazón creciéndote en el pecho al dejarla entrar. Fíjate cómo el suave color azul que te da vueltas entra suavemente en tu cuerpo físico y tu corazón. Imagina que todo tu ser se extiende hacia ella. Dejando que la suave luz azul te llene el corazón, reconoce que María y tú se mezclan enérgicamente; se están convirtiendo en una única esencia. Deléitate sabiendo que estás vibrando con su energía. Al respirar, comienza a sentirla más y más y permítete profundizar más. Ahora imagina un espacio en blanco, libre de pensamiento, y deja que tu aliento deambule en silencio. Visualiza a María de pie frente a ti; cualquier imagen que funcione bien. Ella puede continuar siendo de color azul pálido o sólo un sentimiento, o tal vez quieras personificarla. Te repito que escojas cualquier forma que te resulte cómoda.

+ Mírala tendiéndote la mano o su energía avanzando hacia ti diciendo: "Ora conmigo y yo oraré contigo". Avanza hacia ella. Mírala arrodillada frente a ti y siente sus manos cálidas y aterciopeladas tocando las tuyas y luego coloca su mano sobre el corazón. Ella junta tus manos en oración y hace lo mismo con las suyas. Cuando comienza a orar, su aura, la luminosa luz azul, invade la habitación. No solamente la oyes orar sino también sientes el amor que irradia de ella. Tú entonas tu propia oración. María te muestra una imagen que es la respuesta a tu oración. Ella te indica que reclames la respuesta con fe. Toma el tiempo para ver y sentir esta respuesta manifestándose en todos tus sentidos. Cuando estés lista, oirás a María decir: "Oremos por todos los que buscan a Dios y no lo pueden encontrar. Oremos por el amor y la paz en el mundo. Oremos por que mis palabras se escuchen y la gente acuda otra vez a Dios de rodillas. Gracias, Dios". Ora con ella y toma conciencia de que Dios te está bendiciendo.

# 4

# ¿Por qué estamos aquí?

## *¿Qué papel juega el destino en nuestras vidas?*

ANNA: Madre María, frecuentemente tengo preguntas acerca del plan de Dios. ¿Por qué nos creó?

MARÍA: Muchas personas se han hecho esta pregunta a lo largo de los siglos. La respuesta es tan simple que desafía toda lógica. Él te creó para compartir su amor. En el principio, sólo había Amor. Dios es ese Amor. Sin embargo, el amor no puede existir solo. Busca a otro con el cual unirse. Busca un balance entre dar y recibir. En el principio, esta gran energía de puro amor, este Dios, como lo llamamos, necesitaba a otras personas para compartir con él todo lo que era y todavía es. Es así que este Amor procuró extenderse y comenzó a crear. Dios creó el mundo pero el mundo, con sus mares, océanos, montañas y llanos, no reciprocó el amor del Creador de una manera que le llenara el corazón y la mente. Dios es un ser inteligente. El Creador entonces diseñó las criaturas del mundo, pero ellas también, aunque amaban, no amaban de una manera que satisficiera al Creador. Estas criaturas caminaron sobre la tierra y siguieron sus instintos de amor, pero carecían de la inteligencia para amar al máximo nivel. Los animales que deambulaban en la tierra lo hicieron por instinto para protegerse ellos y sus especies, para procrear y vivir.

ANNA: ¿Por qué permitiría Dios, que es todo amor, el libre albedrío? ¿Por qué tenemos la opción de escoger entre amar o no amar a Dios?

MARÍA: ¡Hija mía, tú amas tu libertad tanto como los demás! Los humanos recibieron un corazón fuerte para llenarse de amor y de dar ese amor a otros. Los humanos recibieron un alma que reconoce a Dios y una mente con la cual razonar.

ANNA: Nunca había oído explicado el comienzo del mundo de esa manera.

MARÍA: ¡Dios es asombroso y sus medios son verdaderamente magníficos! El ego humano quiere ser lo primordial, sin embargo, los humanos no fueron la primera creación de Dios. Le tomó tiempo a Dios permitir el nacimiento de la raza humana. A medida que pasó el tiempo, algunas de las criaturas que él creó crecieron en el amor de Dios y se transformaron. De tal manera, el nivel de aptitud y capacidad para amar y ser amado de estas criaturas progresó. Comenzaron a añorar el amor. Esto era tan natural como pararse sobre dos pies. Dios vio la necesidad de que las criaturas se parecieran más a él. Y a medida que Dios observaba su creación, también sintió anhelo propio de ser amado. A las criaturas que estaba evolucionando, Él les otorgó un regalo, el de la inteligencia y la capacidad de amar de la manera en que Él amaba y ama —en su imagen—. Su imagen no es la de un hombre, porque Dios no tiene género ni tiene una forma física. Él exhaló en ellos un nuevo soplo de vida mientras replicaba y compartía su propia energía con ellos. Pero esto no fue sin otorgarles libre albedrío. Ese fue el comienzo de la raza humana. Entonces, el mundo fue poblado por verdaderas extensiones de Dios. Ustedes son todos seres de amor e inteligencia.

**ANNA**: ¿Tenía Dios otras ideas para el mundo al permitir a los humanos surgir?

**MARÍA**: Aunque Dios quiere que las personas miren al amor y a la vida de una manera simple, él es muy complejo. Dios también procuró balance en el mundo. Una vez creados los humanos, el mundo tenía balance y Dios proveyó todo lo necesario para que sobrevivieran. Había agua y alimentos para permitir a las personas crecer físicamente y ser fuertes; inteligencia, para aplicar la lógica y la razón; el sol, para calentar a la gente y darles luz; la luna, para relajarse, y la oscuridad, para que la gente descansara sus cuerpos. Y, lo más importante, la capacidad para reconocer el gran Amor en todo lo que había en la creación y más allá. Dios aprecia profundamente cuando dan gracias por el sol, la luna, los peces que habitan los lagos y los pájaros que vuelan en los cielos. Y él permite que la raza humana continúe evolucionando en todas las formas.

**ANNA**: ¿Quiere Dios que adoremos a la tierra?

**MARÍA**: Sólo Dios debe adorarse. Sin embargo, la tierra debe honrarse y respetarse. El cielo llora cada vez que un pedazo de su creación se destruye. La gente da por sentada la perfección de la tierra y abusan de ella. La humanidad no ha mostrado reverencia hacia su planeta que la ha sostenido y le ha dado vida. La tierra, con sus montañas, el cielo, los árboles y los mares, necesita protección. La tierra, en toda su gloria, nunca cesa de enseñar. Observa la naturaleza para aprender acerca del nacimiento, la muerte y el renacimiento. Todo está ahí. La tierra nace en primavera, nutre la belleza y la nueva vida en verano, purga en el otoño y muere en el invierno sólo para renacer otra vez en primavera. Todo está ahí y es un espejo de la vida de los seres humanos.

Dios echó a andar todo esto para que pudieras entender. No destruyas lo que te nutre, te da fuerzas y te enseña. Busca paz en las montañas y los ríos... Observa a Dios y siente su poder en toda la creación.

**ANNA:** Hablas de la evolución. ¿Está evolucionando Dios?

**MARÍA:** Si pudieras verme sonreír por tu inocencia. Hija mía, las personas y las criaturas evolucionan; Dios ha evolucionado. No como lo hizo la humanidad, pero él siempre ha evolucionado. Este es un concepto que a la humanidad le resulta difícil entender porque desafía toda lógica y la forma en que funciona la ciencia. Es bueno saber esto: Dios es el único que puede decir "Yo Soy". Dios es constante y es siempre el mismo. La gente cambia todo el tiempo individualmente, culturalmente y globalmente; a veces se convierte en algo diferente de lo que era un minuto antes o siglos antes. Las emociones de una persona cambian a lo largo del día. Dios simplemente es, no se convierte. Dios es la chispa, la llama y la luz, y siempre lo ha sido. Algún día entenderás.

**ANNA:** Me da consuelo saber que Dios nunca cambia y que amará para siempre. ¿Y las otras criaturas que caminan la tierra? ¿Acaso las ama menos porque ellas no pueden reciprocarle el amor?

**MARÍA:** Él ama a todas sus creaciones. Las criaturas de la tierra son inocentes. Actúan por instinto y necesidad de sobrevivir. Su amor es tan grande e incomprensible que no hay forma de comparar a quién o qué ama más. El Amor es el Amor. No trates de definir el amor de Dios; simplemente acéptalo y devuélvelo. Todas las criaturas de Dios están emparentadas y deben honrarse. Dios no celebra una competencia para que una persona o un grupo se gane su amor. Él los ama a todos. Y ama el suelo sobre el cual construyen sus vidas. Ama el cielo, la lluvia y la nieve. Lo ama todo. Él es Amor y lo creó todo con su gran amor.

ANNA: Pero dijiste que su plan era crear seres que él pudiera amar y que lo pudieran amar a él. ¿Cometió un error al crear las criaturas? ¿Por qué no creó al hombre desde el principio?

MARÍA: Dios no comete errores. Aunque él desea compartir su amor con su creación, también quería que sus criaturas lo añoraran. Y es así que Dios permitió surgir la añoranza de su amor. Mientras las criaturas de la tierra evolucionaban viviendo por instinto y luchando por sobrevivir, comenzaron a sentir la necesidad de algo más. Esta añoranza ha existido durante siglos en todos ustedes y continuará hasta que todos estén con Dios en su reino. Esta añoranza es parte de cada persona y se desarrolló a partir de las criaturas que Dios formó en el principio.

ANNA: ¿Entonces tú dices que esta antigua añoranza todavía existe dentro de cada uno de nosotros?

MARÍA: Claro que sí, querida. Al reconocer el amor de Dios como parte de quien eres, comenzarás a querer más. Mientras más conoces a Dios, más vas a sentir su amor. Al sentir su amor, más lo añorarás pues te sostendrá y te traerá un gozo extraordinario. Como creación de amor, siempre procurarás llenar el vacío dentro de ti con amor. Sin embargo, el más grande amor, el amor preeminente, es Dios. Continuarás añorando ese amor hasta que estés en los brazos de Dios. Lo que tu mente no entiende, tu alma sí lo entiende. Tu alma está ansiosa de estar en unión con la energía de Dios. Tu alma busca el amor que sólo Dios puede dar. Según el alma añora, el corazón sufre por amor. Esto es difícil de entender intelectualmente, pero es así.

ANNA: ¿Por qué tenemos que esperar? Si Dios verdaderamente nos ama y permitió esta evolución para que pudiéramos amar al más alto nivel, ¿por qué no está caminando entre nosotros?

MARÍA: ¡Dios está entre ustedes! Dios está dentro de ti, de todos y cada uno de ustedes. Cada persona es una extensión de ese amor. Este amor dentro de cada uno es perfecto; es la verdadera esencia de Dios. Es lo que deseas más que todo. Dios también me entregó a todas las personas para que yo pudiera guiarlas hasta él. Llevaré a cada uno a ese Amor si escuchan con sus corazones.

ANNA: ¿Pero por qué no podemos tener el cielo en la tierra?

MARÍA: Esa es una pregunta reveladora y llena de mérito. La raza humana tuvo la oportunidad de vivir en el paraíso. La vibración de amor existió en el principio y existe ahora. A pesar de que profetas, maestros y otros han tratado por la gracia de Dios de hacer a la gente entender la Verdad de Dios y seguir a Dios, ellos todavía siguen alejados de él sin querer oír su mensaje. El deseo de Dios es traerles el cielo a todos ustedes, pero a través de los siglos la gente en gran número le han dado la espalda. Han tomado las palabras de los profetas y las han tergiversado para alimentar su avaricia y egoísmo. La gente de la tierra necesita oírlo y entonces el mundo puede sanar. Sólo entonces habrá un reino.

ANNA: Los humanos tomaron el amor de Dios y a través del libre albedrío realmente lo han llevado al desastre. Me entristece mucho y añoro más a Dios todavía. ¿Sentiste esa añoranza en tu vida?

MARÍA: Para mí, la añoranza de deleitarme en el amor de Dios fue como poesía. El dolor de estar separados me hizo vivir de la manera en que viví; buscando la unión con Dios. Este dolor y la urgencia de estar con Dios le permitió a mi fe crecer aún cuando enfrentaba una condena. A través de los siglos, los poetas han tratado de traer este deseo. Tal como no hay palabras para describir el amor, este deseo de estar en unión con el amor se ha confundido en el lenguaje.

ANNA: Pienso que todos nos hemos sentido perdidos o deambulando en la jungla de la vida. Pero si todos estamos añorando ese amor, ¿por qué hay odio e ira en el mundo?

MARÍA: La gente tiene la capacidad de escoger lo bueno o lo malo. Tienen la capacidad de rechazar esa parte de ellos que es la luz y moverse hacia la oscuridad, a veces sin darse cuenta. Cada persona personifica tanto la luz como la oscuridad. Niegan la añoranza por Dios y tratan de remplazarla con el deseo de cosas materiales y los medios para alcanzar su propio poder. La añoranza está ahí, aunque a veces se destruye cuando la gente adora las cosas materiales del mundo por encima de Dios.

ANNA: ¿Por qué Dios, quien nos hizo a la imagen de su amor, permite que esto ocurra? ¿Por qué tenemos la capacidad de escoger entre amar a Dios o no?

MARÍA: Entiendo que esto te resulte difícil de entender. Dios quiere que la gente lo ame como opción, no como obligación. Ese es el verdadero amor. La capacidad de escoger eleva el amor al máximo. Dios les dio a todos inteligencia y esa inteligencia los motiva a escoger entre servirse ellos mismos o servir a Dios. El verdadero amor es una opción y un profundo deseo de tener una relación con Dios. Este amor es la fuerza más vigorosa y poderosa en el universo. Sin esta opción de amar o no amar, el amor se convierte en un acto involuntario y vacío. El amor no es vacío; abarca todo lo que es. Y cuando escoges amar a Dios estás escogiendo amarte a ti misma. Este amor eleva tu alma y te hace más realizada como persona y como alma.

ANNA: Si nos ama tanto, ¿Entonces por qué simplemente no nos arregla, a nosotros y a este mundo loco?

MARÍA: Como mencioné antes, la evolución no ha cesado y él nos dio libre albedrío. El está esperando que la gente regrese a él por su propia voluntad. Dios creó un mundo en eterna evolución. Dios creó el amor —no el miedo, el dolor ni el odio—. Fueron los humanos los que hicieron eso. Los humanos crearon la confusión y erigieron barreras entre unos y otros. Dios creó el mundo como una extensión de su amor, pero los humanos querían más. No era suficiente conectar con el bosque y los árboles para sentir y estar agradecidos por el calor del sol y alabar a Dios bajo las estrellas. La gente quería mucho más. El amor que llevamos dentro fue y es echado a un lado para acomodar el poder y el dominio. Dios es el poder máximo —no hay mayor poder— y, sin embargo, las naciones matan para adquirir el dominio. Debes orar por que esto termine. Sólo brindará más destrucción e inquietud. Derramo lágrimas de sangre por este dolor y destrucción que ha cobrado importancia por la necesidad del poder. Estoy clamando a toda la gente que ore y reconozca que Dios es el poder. Estoy orando por que esto llegue a su fin y que la paz y el amor brille sobre todas las criaturas de la tierra.

ANNA: ¿Así que la raza humana está destinada a fracasar si esta lucha por la supremacía continúa? En un final, ¿será suficiente que una sola nación gobierne?

MARÍA: La única nación que gobernará en el final es el reino de Dios. Nadie ganará este juego de supremacía. Dios es el poder. Dios es supremo.

ANNA: Pero si esta lucha por la supremacía es una batalla perdida, ¿está Dios observándonos a ver qué pasa? ¿Es la vida no más que un gran juego?

MARÍA: ¡No! Ustedes son la esencia de Dios. Él quiere que la gente escoja estar unos con otros como lo son unos con él. Parte de buscar y mantener la paz y el amor es ayudándose mutuamente, incluso aquellos que luchan por la supremacía. Esto no es un juego sino una batalla. Una batalla del amor contra el temor y el odio. Oren por que los que buscan poder encuentren la luz. Oren que puedan entender que no pueden encontrar lo que buscan en la tierra sino más bien con Dios en su reino. Mientras más personas oren por la paz, más pronto ocurrirá. No se den por vencidos ni ignoren el poder de Dios en contestar esta oración. El amor de Dios es más fuerte que cualquier persona. Es con la armadura de Dios que esta batalla puede ganarse.

**ANNA:** No puedo aceptar esto fácilmente. Como madre, quiero proteger a mis hijos del dolor. Trato de hacer todo lo que puedo para impedir que ellos se hagan daño. Si Dios es el máximo padre, ¿por qué no está tratando de ayudarnos a detener el sufrimiento?

**MARÍA:** Dios le ha dado a cada persona una parte de sí mismo. Estás bendecida con esta parte que te da la habilidad de tomar las decisiones correctas. Eres una madre y has aprendido que no puedes controlar a tus hijos. Como madre, no podría dictar las decisiones de mis hijos; yo no pude impedirle a Jesús que cumpliera su misión en la tierra. No pude impedir que atemorizara y disgustara a los fariseos. No pude impedir que supiera que estaba apto para lo que tenía que hacer. Se entregó a Dios y lo siguió en su camino. Cuando las personas se entregan a la voluntad de Dios, son conducidos al camino correcto, aunque la opción sea seguirlo o escoger otro camino. Dios permitió la tentación. Él quería que la opción de seguirlo fuera de la mayor consecuencia y escogerla con el más alto amor. No es fácil renunciar a la necesidad de tener poder. Es difícil para la gente reconocerse y entregarse a un poder mayor que sí mismos. No es fácil adorar a un Dios que no puedes ver y no adorar los lujos de la vida. Sin embargo, Dios está ayudando a la humanidad. Está abriendo puertas para que la paz pueda continuar. Ustedes todos deben caminar a través de las puertas. Todos deben divulgar la noticia que Dios está trayendo paz. La gente debe abrir los ojos y tomar el camino correcto para que pueda suceder.

ANNA: Me preocupa que una persona no pueda controlar los corazones y las mentes de toda la gente. ¿Qué podemos hacer, a un nivel individual, para influenciar a los demás?

MARÍA: Ora, ora, ora. Ve al Padre en oración. Ora por la paz y el amor entre toda la gente; todas las naciones. Recuerda también, como he dicho antes, que la oración es también un estado mental. No es solamente verbal sino activo. Ora en cualquier forma que puedas. A través de la oración, te alinearás con la esencia de lo Divino. A través de la oración, te llenarás de más compasión y amor. Comenzarás a irradiar luz y todos la verán. Y recuerda, cada persona es importante en la tarea de cambiar el mundo y traer el Amor.

ANNA: ¿Es malo que nos gusten los lujos que el dinero puede comprar? ¿Es malo desear las cosas materiales del mundo? ¿Es eso "adorar el becerro de oro"?

MARÍA: No es malo disfrutar de los lujos de la vida. No es malo desear cosas que te hacen feliz. Pero las cosas no pueden ser objetos de amor verdadero. Puede gustarte tu casa, pero tu casa no puede compartir amor contigo, ni tú con ella. Es malo adorar cualquier cosa o persona por encima de Dios. Simplemente recuerda que las cosas del mundo desaparecen y al final siempre estará Dios. Y puedes respetar a la gente, pero adorar solamente a Dios. Sólo hay un Dios. Dicho esto, no le debes tener lástima a las personas que viven en áreas pobres del mundo. Si tienen alimentos y pueden cuidar de sus familias, pueden hasta sentirse ricos. Muchas de estas personas están muy cerca del cielo en su búsqueda de Dios para que les dé lo que necesitan para una vida en paz. No saben desear las cosas que llenan las casas de los adinerados porque esas cosas no son de su mundo. ¡Qué afortunadas son esas personas!

ANNA: ¿Estás diciendo que no debemos ayudar a los pobres?

MARÍA: Estoy tratando de aclarar y ayudarte a entender que vivir de una manera simple, como esas personas que no tienen dinero para comprar cosas materiales, puede ser una bendición. La vida es más difícil para los pobres en sociedades que conocen la riqueza. Es difícil cuando hay conocimiento de lo que el dinero puede comprar. Pero para aquellos que viven en áreas donde no se conocen las cosas que el dinero puede comprar, no existe el deseo de cosas. Muchas de estas personas no quieren cambiar. Sé lo que es ser pobre por como fue mi vida en la tierra. Mi familia era pobre de cosas materiales. Pero yo era rica en espíritu y en mi amor por Dios. No codiciaba las sedas de las mujeres ricas que me rodeaban, pero buscaba y me regocijaba en el amor de la familia y de Dios. Sin embargo, cuando podíamos comprar una pieza de cerámica o una alfombra, lo hacíamos alegremente y yo disfrutaba la belleza de las cosas sin adorarlas. Puedes poseer cosas, pero Dios no es algo que poseer. Sólo Dios debe ser adorado y glorificado.

ANNA: Tal vez lo que estás diciendo es que debemos disfrutar los lujos pero no perdernos en ellos como medio para satisfacer la añoranza de nuestras almas por Dios. ¿Correcto?

MARÍA: Sí, hija mía. No tienes que deshacerte de las cosas que ya tienes, simplemente adora sólo a Dios. No permitas que las cosas materiales remplacen tu amor por Dios. En tu libre albedrío reconoce, ama y sigue a Dios. Cántale alabanzas a Dios y trata a las personas con amabilidad, compasión y respeto. Recuerda que las cosas desaparecen; el amor es para siempre.

ANNA: ¿Qué pasa si yo me adhiero a todo esto y adoro a Dios pero sigo una religión equivocada?

MARÍA: Si la religión está basada en el amor y le enseñan amor a la gente, ¿cómo puede estar equivocada?

## Meditación para el capítulo cuatro

+ Cierra suavemente los ojos y respira. Pídele a los ángeles que te rodeen en un círculo brillante de luz, amor y protección. Imagina una columna de luz del cielo situándose encima de tu cabeza, diseminándose por todo el cuerpo y anclándote al centro de la tierra. Siente esta maravillosa luz atravesándote la columna vertebral desde la punta de los dedos del pie. Deja que tu cuerpo se relaje mientras te concentras en tu respiración. Observa cómo sube y baja el pecho cuando aspiras todo lo que es bueno y justo en el universo. Observa que te estás llenando los pulmones del Divino aliento de Dios. Imagina tu respiración como una ola suave que se mueve hacia delante y hacia atrás. Siente cómo se te relaja el cuerpo cuando exhalas y dejas ir el estrés, la negatividad y todo lo demás que no te sirve. Toma conciencia de lo agradable que esto se siente. Es un verdadero regalo dejar que la relajación traiga paz a tu mente, cuerpo y alma.

+ Permite que la energía de María, de su amor y paz, entre en tu cuerpo cada vez que respiras. Expulsa todo lo que no te sirva: estrés, ansiedad, ira, animosidad, autorecriminación y cualquier otra cosa que te impida conectar con el cielo. Al moverte hacia este magnífico lugar de relajación total, comienza a sentir una sensación de paz moviéndose a través de tu cuerpo. Es una sensación muy agradable. Disfruta de esta paz y relájate. Al continuar sintiendo que el pecho te sube y baja cuando respiras, imagínate que te rodea una sedosa luz azul pálida. Sientes su suave vibración dando vueltas alrededor tuyo, alertándote y llenándote los sentidos. Simplemente permítete existir mientras que esta vibración azul flota a tu alrededor. Reconoce que es bueno. Deja que esta vibración te abrace suavemente. Reconoce esta vibración como la de la Madre María. Deja que su cálida presencia desplace tu concentración de tu respiración hacia el suave latir de tu corazón.

+ Visualiza el corazón creciéndote en el pecho al dejarla entrar. Fíjate cómo el suave color azul que te da vueltas entra suavemente en tu cuerpo físico y tu corazón. Imagina que todo tu ser se extiende hacia ella para formar parte de ella. Dejando que la suave luz azul te llene el corazón, reconoce que María y tú se mezclan enérgicamente; se están convirtiendo en una única esencia. Deléitate sabiendo que estás vibrando con su energía. Al respirar, comienza a sentirla más y más y permítete profundizar más. Ahora imagina un espacio en blanco, libre de pensamiento, y deja que tu aliento deambule en silencio. Visualiza a María de pie frente a ti; cualquier imagen que funcione bien. Ella puede continuar siendo de color azul pálido o sólo un sentimiento, o tal vez quieras personificarla. Te repito que escojas cualquier forma que te resulte cómoda. Mírala tendiéndote la mano o mira su energía tratando de alcanzarte.

+ Al comenzar a sentirla llenando tus sentidos, óyela decir: *Quiero mostrarte el Amor.* Imagínala tratando de alcanzarte con su energía. Ella te levanta. Comienzas a volar a través de nubes casi transparentes hacia un sitio lleno de bellos colores: vibrantes y majestuosas montañas moradas, arroyos de azul brillante, hierba verdosa y brillantes flores amarillas y anaranjadas floreciendo en todas partes. Acoge los colores de este lugar mágico. Oye a María decir: *¿Optas por estar en la presencia del Amor?* Óyete decir que sí y, al hacerlo, observa cómo todo alrededor se torna más brillante. Tus seres queridos, que han partido de la tierra, comienzan a llenar los espacios vacíos con su presencia. Acaso te hablan. Siente el amor que te rodea. Crece más y más fuerte. Toma este momento para escuchar. Cuando estés listo, óyete a ti mismo decir: *Acepto el amor a la vez que acepto y amo a mi Creador por sobre todas las cosas. Opto por adorar a un solo Dios.* Siente a Dios entrando en tu cuerpo mientras te relajas en la pureza de su presencia.

# 5

# El poder de la fe

## *¿Qué papel debe tener la religión en nuestras vidas?*

**ANNA:** Dices que ninguna religión está equivocada si se enfoca en el amor, pero existen muchas religiones estos días. Tal parece que cada religión cree que su manera es la única manera. ¿Existe entre todas ellas una religión perfecta?

**MARÍA:** Mi querida, no existe algo "perfecto" hecho por los humanos. Sólo Dios es perfecto. Cualquier religión enfocada en compartir amor y paz es buena, pero no existe "una religión perfecta". La humanidad ha estado buscando la verdad durante tantos siglos. La gente ha estado buscando una explicación de todo lo que existe. En su búsqueda, han aumentado las preguntas. La religión está hecha por los hombres, una manera de reunir y crear una comunidad de personas que comparten la misma fe y creencia. Es agradable compartir una creencia común. Eso es bueno y justo. Así y todo, Dios los creó a TODOS ustedes. Dios no escogió ninguna religión en particular. En el principio, sólo existía Dios. No hacía falta religión.

ANNA: ¿Puede haber muchas religiones correctas?

MARÍA: Sí, hay varias maneras de adorar y venerar a Dios. La religión no te lleva a Dios; vivir de una manera que sea buena y justa según Dios te acerca a él. Dios no juzga dónde encuentras el camino y la Verdad; simplemente es importante que reconozcas que eres un ser de amor y que tu propósito es compartir Amor. Hay muchas religiones que pueden llevarte a esa Verdad.

ANNA: ¿Es la religión la única manera de encontrar a Dios?

MARÍA: ¡Hay tanta gente habitando la tierra! ¡Todos son diferentes y encontrarán a Dios en tantas maneras distintas y en tantos lugares! ¡Es fenomenal! Claro, la gente puede encontrar a Dios en la religión o fuera de ella. La religión puede ser una fuerza negativa cuando genera miedo; miedo de todos los que no son como tú o que amenazan tu identidad. No son pocos los escogidos. Los escogidos no sólo llenan una iglesia o un templo. Todas las personas son escogidas. Cómo la gente decide vivir se basa en su propio libre albedrío. No hay un lugar ideal para adorar a Dios. Una religión debe aceptar a todas las personas, pues todos fueron creados por Dios. Todos pertenecen a Dios y no solamente un grupo.

ANNA: ¿Es ésta una de las razones para tú venir a nosotros ahora? ¿Es importante que la gente sepa esto?

MARÍA: Sí, esta es una de las principales razones por la que estoy aquí ahora. También estoy aquí para mostrar todo el camino. Estoy aquí para revelarles la Verdad a aquellos que están perdidos en la religión y el dogma. Quiero reencaminar a todos los que no hablen de amor y del Creador. Estoy aquí para enseñarles cómo remover las barreras que los separan y crean guerras y sufrimientos. Estoy aquí para guiar el mundo hacia la paz. Pero la gente tiene que cambiar su manera de pensar. El mundo debe aceptar la unión de todas las personas como hijos de un Dios sin prejuicios ni orgullos. Será sólo entonces que se perderá la batalla por la supremacía entre las naciones y los pueblos. Es solamente entendiéndose y aceptando mutuamente las diferencias de cada cual que el mundo se salvará. Estoy orando por la unificación y aceptación a través de las religiones y que la gente sepa verdaderamente que cada uno lleva consigo la energía y la vibración de Dios. Todos somos iguales y todos somos uno en ese Amor. Debe aceptarse para que reine la paz. Les pido a todos que oren conmigo para que esto ocurra.

ANNA: A lo largo de los años, la gente ha muerto en nombre de la religión. En las cruzadas y las guerras se ha combatido con la bandera de Dios batiendo en el viento. Hoy, el mundo está sufriendo con el terrorismo. ISIS declara que sus actos de violencia y terrorismo son congruentes con su religión y con Dios. ¿Cuál debe ser nuestro punto de vista sobre todo esto?

MARÍA: Oh, hija mía, el dolor de estas acciones me desgarra el corazón. ISIS, o cualquier otro grupo que mata en nombre de Dios, no lo está siguiendo a él y no sigue una religión basada en Amor u honrada por Dios. ISIS representa lo contrario del amor y ha llenado a la gente de temor. Cualquier cosa que venga de Dios es amor y conecta y crea unidad entre su gente. He derramado lágrimas por la destrucción que esos grupos han causado. Cualquier muerte en el nombre de Dios no viene ni nunca ha venido de Dios y no es más que una burla de todo lo bueno que hay en el mundo. La gente ha utilizado la religión para encubrir su verdadera motivación de supremacía y poder. ¡Esto debe cesar! ¡Sólo Dios es supremo! Mientras mis lágrimas corren estoy levantando a toda la gente del mundo para limpiarse en la energía del Amor. Todos deben orar constantemente por que terminen estos actos de terrorismo. En un final, el amor prevalecerá. Oren por que caigan las barreras entre la gente. Oren, oren, oren. Puede suceder.

ANNA: Muy bien. Entonces, cambiemos de tema, pero ahora que estamos en el tópico del equilibrio y la tolerancia en la religión, ha habido controversia sobre si es moral que dos mujeres o dos hombres se casen y formen una familia. ¿Es moral?

MARÍA: Si hay amor entre dos personas y están alineados con lo que es bueno en el mundo, y siguen a Dios, entonces está bien. Dios no se opone. Pueden ser una familia. Si traen hijos, también son una familia.

ANNA: Entonces, ¿Dios aprueba la homosexualidad? ¿Aún cuando algunas religiones digan que no?

MARÍA: Dios no anda juzgando los deseos sexuales de la gente. Si dos personas se aman, que así sea.

ANNA: Hablas de barreras que se caen y religiones que se unen en amor. No estoy segura de que la religión pueda lograrlo en el mundo actual. ¿Debemos, pues, esforzarnos por abandonar la religión?

MARÍA: Tal vez algún día no haya religión en la tierra, pero ese día no ha llegado. Ahora, más que nunca, la gente busca consuelo en sus religiones. Es reconfortante que la gente sepa que Dios les brinda amor en medio de la destrucción y el dolor que ven en el mundo. Y por ahora, la religión puede y sirve un propósito cuando es para la gloria de Dios, no del hombre. Cuando el propósito es llevar la Verdad y el Amor de Dios al corazón de la gente, es bueno. Y muchas religiones pueden coexistir si promueven amor para todos. No existe la religión en el reino de Dios. Todos son uno y son bienvenidos si han seguido el Amor en sus vidas.

ANNA: ¿Te consideras judía o cristiana?

MARÍA: Nací en una familia judía y crié a mi propia familia siguiendo las prácticas judías que me habían enseñado. Entre otras cosas, mi familia y yo considerábamos que el *sabbat* era sagrado, celebrábamos los más altos días sagrados y comíamos carne limpia. Mi religión me enseñó obediencia a Dios y a la fe. Pero, repito, la religión es algo de la tierra y no del cielo. Yo no tengo religión. Extiendo mi manta para cubrir a todos. Le pido a la gente que vengan a mí si necesitan ayuda o consejos. Pertenezco al mundo, no a cierta religión. Recuerda que mi hijo no promovió la religión. Era sagaz en la Torá y demostraba obediencia a la ley escrita. Era un hombre judío viviendo en un lugar de opresión. Sus palabras no eran judías ni cristianas. Sus palabras eran las palabras del Padre. Sus palabras hablaban de amor, paz y unidad. Él no vino al mundo a fundar una religión, sino más bien vino a empezar un movimiento de amor y a hablarle a la gente de Dios. Amaba a los que eran tratados con crueldad y rechazados por las masas, y amaba también a las masas. Vivió y murió; creía que morir era necesario para llevarnos a Dios y para que el mundo viviera como Dios lo había planeado. Sus palabras se convirtieron en su legado y su Verdad. Sus palabras eran y son la Verdad de Dios. Así era entonces y es ahora.

ANNA: Entiendo. Hay muchos libros sagrados acerca de Dios utilizados por varias religiones. ¿Dicen la verdad esos libros?

MARÍA: Si el libro habla de amor y compasión entonces dice la verdad.

ANNA: El Antiguo Testamento contiene tantas historias de guerras y violencia y describen a Dios como un ser al que hay que temerle. Yo encuentro esto confuso puesto que en el Nuevo Testamento Jesús habla de un Dios que tiene compasión. ¿Cuál de ellos es el verdadero Dios?

MARÍA: Este es un tema sobre el cual muchos se preguntan. La gente debe entender que fueron hombres quienes escribieron todos los libros santos y la Biblia. Esos hombres, aunque fueron inspirados por Dios, lo interpretaban basándose en sus propias culturas y sus propias perspectivas de la vida. De modo que la gente debe tener una mente abierta cuando lea libros sagrados. La Biblia se considera una narración histórica y está además llena de enseñanzas y de la sabiduría de Dios.

ANNA: El mundo en estos momentos está lleno de atrocidades malignas. ¿Estamos condenados? ¿Nos eliminará Dios como lo hizo en la historia de Noé?

MARÍA: ¡Oh, hija mía, hablas con miedo! Nunca dejes que el temor se sobreponga al amor y a la fe. Aquellos que oran y se mantienen en amor deben continuar orando. Serán salvados. No ores sólo por ti sino por todos. Debes orar por tus enemigos así como por los que están cerca de tu corazón. Recuerda que Dios creó maneras para que su gente se salvara cuando Noé construyó el arca. Fue el libre albedrío de la gente lo que los movió a optar por salvarse. Es lo mismo hoy. Hago un llamado a todos a que escojan salvarse.

ANNA: A veces es tan difícil ser humano. Trato de no sentir miedo.

MARÍA: Hija mía, estoy aquí para quitarte el miedo y remplazarlo con amor hacia todas las personas de todas las religiones.

ANNA: Me parece que el miedo nos mantiene en nuestros lugares y puede ser una fuerza controladora. Según el Antiguo Testamento, ¿nos inculca Dios el miedo dentro de nosotros para poder dominarnos mejor, acaso mantenernos en línea?

MARÍA: ¡No! Dios no quiere controlar a la gente mediante el miedo. Dios quiere traer gozo a los corazones de sus hijos. Dios no quiere gobernar como un rey; más bien quiere tener una asociación con aquellos que creó. El miedo surge por la falta de fe y la ausencia de amor. Si encarnas el amor y tienes fe en que Dios te rodea y está en ti, no puede haber miedo. El regalo de Dios para ti es amor incondicional. Ese amor que no tiene fronteras y, a cambio, te trae paz. Como vives en un mundo donde las acciones de los demás te afectan, tu paz interior está influenciada por las energías de las personas del mundo. Sin embargo, dentro de ti puedes sentir la paz que el amor brinda y no llenarte de miedo. Y cuando vivas verdaderamente en comunión con Dios puedes tener fe. La fe y el amor son lo contrario del miedo. El miedo restringe el amor. El miedo ofusca la mente y los sentidos y te aleja del amor. El miedo es un producto del mundo y puede actuar como un mecanismo de defensa generando ansiedad y preocupación. Claro, existe el miedo real de meter la mano en el fuego. Pero te digo esto: hasta el miedo real puede combatirse con Dios. Él puede hacer que puedas meter la mano en el fuego si le has entregado libremente el corazón y el alma.

ANNA: Como todavía estoy trabajando en mi fe, ¡no creo que probaré eso! Pero déjame aclarar lo que estás diciendo: Si tenemos amor, no debe haber razón para tener miedo. Aun así, para muchos Dios es un Dios feroz que castiga a la gente que se le opone.

MARÍA: Dios interviene para mostrarle el camino correcto a la gente. Él no es una energía de ira y castigo. Recuerda también, como dije antes, las narraciones de Dios en textos escritos dependen de la precisión de ese autor así como las creencias y normas sociales de esos tiempos. En la época en que se escribió el Antiguo Testamento, las narraciones se basaban en una historia de guerra y los que contaban la historia procuraban que las atrocidades de sus vidas tuvieran sentido. Estos narradores no se enfocaban en el perdón sino en la enseñanza mediante castigo. Procuraban también inculcar la moralidad de Dios en la mente de la gente. La gente sabe lo que es bueno y malo, lo que es un premio y lo que es un castigo. Tenía sentido la manera en que escribieron la Biblia.

Establecieron la ley y el orden de ese modo y presentaban la gente a Dios a la vez que establecían reglas para su sociedad y cultura.

ANNA: ¿Entonces Dios no se llenaba de ira con las imperfectas maneras del mundo o con alguno de nosotros?

MARÍA: Ira no es la palabra correcta... Dios se decepciona. Puede sentirse lastimado por sus hijos. Se siente herido por cada persona que se propone destruir todo lo que él hizo con Amor. Se siente herido también por cada persona que se aleja del bien y se mueve hacia lo que está contra Dios y sus intenciones para toda la gente.

ANNA: ¿Cómo vamos a hallarle sentido a las hambrunas, las enfermedades y a la devastación que a veces provoca la naturaleza? ¿Es esta una tarea de Dios? ¿O simplemente tormentas fortuitas?

MARÍA: Dios no destruye; son los humanos los que pueden destruir con su libre albedrío. Todas estas cosas horribles que mencionas las crearon, de alguna manera, los humanos. Y una persona o un grupo puede afectar al mundo entero con sus actos.

ANNA: ¿Incluyendo los desastres naturales, como los terremotos?

MARÍA: Aunque la tierra no tiene su propia inteligencia, tiene una vibración. Cuando a la tierra se le "falta el respeto" y sus recursos no son honrados se produce una falta de balance. Cuando la tierra no está balanceada, ocurren desastres naturales como resultado de un intento de devolverle el balance.

ANNA: Nunca lo había mirado de esa manera antes... pero ¿qué dices del progreso? ¿Nuestros adelantos en medicina, nuestros científicos estudiando el calentamiento global? ¿Qué piensa Dios de todo esto?

MARÍA: Hay personas a quienes Dios ha dotado con una extraordinaria inteligencia y que pueden traer al mundo nuevas cosas para ayudar a la gente a vivir mejor sus vidas y ser más felices.

Los adelantos en medicina son buenos y oportunos. Claro, no es bueno crear cosas que pueden dañar y destruir, tales como armas de destrucción masiva. La meta siempre debe ser ayudar de algún modo, amar y sanar. Amar a otros, respetar a la tierra y a todas las criaturas que son parte del mundo.

ANNA: Entiendo... Dices que vienes para todas las religiones. ¿Y si los miembros de otras religiones no te conocen o no se identifican contigo?

MARÍA: He venido antes en muchas formas diferentes y ante personas muy diferentes. Para aquellos que no me conocen, esta es mi manera de presentarme como la madre de la humanidad. Repito, estoy aquí para todas las personas. Y en el caso de aquellos que no se identifican conmigo, está bien también. Tienen libre albedrío.

ANNA: ¿De modo que, igual que Dios, estás aquí para todas las personas cualquiera que sea su religión?

MARÍA: Sí, soy una extensión del amor de Dios y estoy aquí, como él, para todos.

ANNA: ¿Y las religiones que adoran a muchos dioses?

MARÍA: Hay un solo Dios. Sin embargo, muchas de esas religiones tienen un Dios principal y muchos otros dioses inferiores. Estos otros dioses son similares a los profetas y santos en otras religiones. Esas religiones no deben juzgarse como inmorales debido a su jerarquía. Si Dios está en el lugar más alto de la jerarquía y reina supremo, la religión está en línea con los deseos de Dios. Los hindúes adoran a Siva, Visnú y Brahma, que son realmente diferentes nombres y personalidades de un Dios. Son similares a la trinidad cristiana. No juzguen a otras religiones que promueven el Amor. Mírate por dentro y observa cuáles prácticas estás siguiendo. Comparte el amor de Dios. Habla del amor de Dios y más y más personas llegarán a Él y tú serás bendecida.

ANNA: Ahora me pregunto por los guías espirituales. He oído este término utilizado muchas veces. ¿Puedes decirme quiénes son y si cada persona tiene su propio guía espiritual? ¿Tenemos más de uno?

MARÍA: Sí, hija mía, cada persona tiene por lo menos un guía espiritual alrededor suyo todo el tiempo. A diferencia de los ángeles, los guías espirituales eran humanos y pasaron al reino Divino. Estos magníficos espíritus ayudan a los que están en la tierra, especialmente a las personas que aman. Como han sido humanos, entienden las vicisitudes, las tribulaciones y el dolor de ser humanos a la vez que la alegría. Repito que como son espíritus humanos es muy fácil comunicarse con ellos. Hijos míos, déjenlos entrar para que los ayuden y los guíen a la presencia de Dios en toda su gloria. ¡Déjenlos proveer la curación que ustedes buscan!

ANNA: ¿Tienen las personas un guía particular que los ayuda en la vida?

MARÍA: La gente tiene muchos guías. De manera similar que con los ángeles de la guarda, los guías espirituales escogen a una persona específica para "cuidarla". Las personas nunca están solas. La gente usualmente tienen muchos guías además de sus ángeles de la guarda. Debes conectarte conscientemente con los ángeles y tus guías y permitirles que te ayuden y guíen en la vida.

ANNA: ¿Cómo podemos aceptarlos si no los vemos?

MARÍA: Sintiéndolos y oyendo su voz en la mente. A veces sabes que no es tu propia voz. No ignores esa voz. ¡Es un despertar! Abre los ojos y los oídos a todo lo que esté en el otro lado de tu visión normal. Mira con el corazón... siente y escucha en silencio. Ora y medita a fin de abrir tus sentidos al mundo "invisible" que te rodea.

ANNA: ¿Podemos hablar un momento de los santos y los profetas? ¿Merecían todos ellos ese estatus?

MARÍA: ¡Oh, mi querida, tienes tantos deseos de saber la Verdad! ¡Ustedes todos son santos y profetas por ser hijos del Altísimo! Sepan que no hay una persona que Dios quiera más que a otra. Todos son iguales. El mundo es la iglesia de Dios y todos ustedes son parte de ella. Un verdadero santo o profeta es cualquiera que, con pura fe, abra su corazón a Dios y a sus dones. Estas personas eran y son del Amor y no tienen miedo. Todos deben ahora seguir sus corazones para discernir qué se está enseñando y quién está enseñando de acuerdo con Dios. Lo sabrás. Conéctate en oración a la energía de Dios y siente la vibración en el alma. Sabrás la Verdad. Yo te ayudaré.

ANNA: Has dicho que el mundo es una iglesia. ¿Puedes elaborar sobre eso?

MARÍA: Las iglesias, los templos y las otras casas de adoración son estructuras dentro del mundo. Se erigieron como el lugar donde la gente cree que Dios reside y puede venir a adorarlo. Y es cierto, Dios sí existe en esas estructuras y cuando la gente ora en unidad en esos sitios, su vibración se hace más y más fuerte. Sin embargo, debe saberse que Dios no existe únicamente dentro de estas casas de adoración. Mira siempre alrededor tuyo y sabrás que la tierra es una iglesia y que su gente son clérigos. Sal a la naturaleza y mira la magnificencia de Dios en las plantas y animales. Siente la curación de Dios en los rayos brillantes del sol y en el resplandor de la luna. Dios creó el mundo para que fuera un lugar sagrado y lo es. Honren a la tierra y detengan la destrucción de las áreas santas donde todos ustedes caminan. Ríndanle homenaje a los árboles y acuéstense en el césped y dejen que el cielo los rodee. Muchas iglesias están llenas de oro y joyas para mostrar que la casa de Dios es el reino de la riqueza. Eso no es necesario. La riqueza de Dios está en la naturaleza y en todo lo que Él creó. Es tan simple y tan adecuado. Honor a quien honor merece. Vayan a sus casas de adoración y oren en comunidad con otros y sepan que la tierra santa y la casa de Dios están alrededor de ustedes mientras viven sus vidas en el mundo que el Amor creó.

**ANNA:** Dices que las religiones que adoran a Dios son buenas. ¿Y el budismo que no reconoce a Dios pero promueve la compasión y el amor en el mundo?

**MARÍA:** Hay muchas tradiciones diferentes del budismo y variaciones en las creencias budistas acerca de Dios. Existe también la filosofía del budismo que personas de muchas religiones diferentes han adoptado. Buda era un maestro que enseñaba empatía y despertó a las personas a la energía del amor que llevan dentro. Esa energía es Dios aun sin el reconocimiento. El budismo promueve compasión, paz y amor, lo cual es congruente con los deseos de Dios. Recuerden que la religión se basa en la cultura y las experiencias del hombre. El budismo nació de la visión del mundo y las experiencias de Siddharta Gautama. Su iluminación tomó una forma que repercutió en esas experiencias.

**ANNA:** ¿Qué me dices de la mujer y su lugar en la religión? ¿Me puedes hablar de eso?

**MARÍA:** La Biblia habla de mujeres fuertes: Ruth, Ester, Isabel (mi querida prima), Sara y Hagar. Sin embargo, cada una de estas mujeres fue un catalizador para que los hombres hicieran su trabajo. Fueron hombres quienes escribieron los libros sagrados en una cultura que no reconoció a las mujeres como sus iguales. Esto no significa que las mujeres no tengan su lugar en la divulgación de la Verdad de Dios. Pero no siempre se escribía de esa manera. María de Magdala era tan fuerte como cualquiera de los apóstoles en su amor por Jesús. También Jesús la amó tanto como amó a los hombres que lo siguieron. Ella difundió su palabra y continuó su trabajo después de su muerte.

ANNA: ¿Tiene Dios género?

MARÍA: Dios no tiene género. No es ni masculino ni femenino, aunque es ambos. El es una vibración que no posee los atributos físicos de un género aunque posee los atributos emocionales de ambos. Dios es ambos, el definitivo él y ella.

ANNA: ¿Tiene Dios color?

MARÍA: Dios no tiene "raza". Él es la más alta vibración y tiene todos los colores.

ANNA: Debo preguntar: ¿tienes una religión preferida?

MARÍA: Como he dicho, si una religión se enfoca en Amor y en mostrar compasión hacia los demás y hacia sí mismo, es buena y adecuada. No prefiero una sobre otra. Dios está aquí para todas las personas, al igual que yo.

ANNA: Muchas personas, especialmente en los Estados Unidos, no forman parte de una religión organizada. ¿Es correcto simplemente ser espiritual sin tener una religión?

MARÍA: Dios no inició la religión, fueron los hombres. Si la gente cree que Dios es Amor y verdaderamente buscan a los demás sin hacer juicios y en paz, esa es su religión. ¡No es necesario afiliarse a ningún grupo sino proclamar a Dios en tu corazón y compartir ese Amor con los demás! Cuán perfecto sería si todas las personas hicieran esto, cualquiera que fuera la religión o espiritualidad que practiquen.

ANNA: Todas las religiones organizadas hablan de alguna forma del más allá. ¿Existe?

MARÍA: Claro que sí. Vives para morir y nacer otra vez en el reino de Dios.

## Meditación para el capítulo cinco

✦ Cierra suavemente los ojos y respira. Pídele a los ángeles
que te rodeen en un círculo brillante de luz, amor
y protección. Imagina una columna de luz del cielo
situándose encima de tu cabeza, diseminándose por todo
tu cuerpo y anclándote al centro de la tierra. Siente esta
maravillosa luz atravesándote la espina dorsal desde la
punta de los dedos del pie. Deja que tu cuerpo se relaje
mientras te concentras en tu respiración. Observa cómo
sube y baja el pecho cuando aspiras todo lo que es bueno
y justo en el universo. Observa que te estás llenando
los pulmones del Divino aliento de Dios. Imagina tu
respiración como una ola suave que se mueve hacia
delante y hacia atrás. Siente cómo se te relaja el cuerpo
cuando exhalas y dejas ir el estrés, la negatividad y
todo lo demás que no te sirve. Toma conciencia de lo
agradable que esto se siente. Es un verdadero regalo
dejar que la relajación traiga paz a tu mente, cuerpo y
alma.

✦ Permite que la energía de María, de su amor y paz,
entren en tu cuerpo cada vez que respiras. Expulsa todo
lo que no te sirva: estrés, ansiedad, ira, animosidad,
autorecriminación y cualquier otra cosa que te impida
conectar con el cielo. Al moverte hacia este magnífico
lugar de relajación total, comienza a sentir una
sensación de paz moviéndose a través de tu cuerpo. Es
una sensación muy agradable. Disfruta de esta paz y
relájate. Al continuar sintiendo que el pecho te sube y
baja cuando respiras, imagínate que te rodea una sedosa

luz azul pálida. Siente su vibración suave dando vueltas alrededor tuyo, alertándote y llenándote los sentidos. Simplemente permítete existir mientras esta vibración azul flota a tu alrededor. Conoce que es bueno. Deja que esta vibración te abrace suavemente. Reconoce esta vibración como la de la Madre María. Deja que su cálida presencia desplace tu concentración de tu respiración hacia el suave latir de tu corazón.

✦ Visualiza el corazón creciéndote en el pecho al dejarla entrar. Fíjate cómo el suave color azul que te da vueltas entra suavemente en tu cuerpo físico y tu corazón. Imagina que todo tu ser se extiende hacia ella para formar parte de ella. Dejando que la suave luz azul te llene el corazón, reconoce que María y tú se mezclan enérgicamente; se están convirtiendo en una única esencia. Deléitate sabiendo que estás vibrando con su energía. Al respirar, comienza a sentirla más y más y permítete profundizar más. Ahora imagina un espacio en blanco, libre de pensamiento, y deja que tu aliento deambule en silencio. Visualiza a María de pie frente a ti; cualquier imagen que funcione bien. Ella puede continuar siendo de color azul pálido o sólo un sentimiento, o tal vez quieras personificarla. Te repito que escojas cualquier forma que te resulte cómoda.

✦ Toma su mano y déjala que te guíe hacia un campo abierto. Caminas en exuberante yerba verde y ves un círculo de personas de todas las razas, religiones, etnias y de todo origen. Tomas la mano de una persona de otra cultura y sientes la armonía cuando la energía de paz y amor corre a través de ti. Dejas ir todo los juicios y prejuicios que llevas en el cuerpo. Imagina esta energía abandonándote. Tómate tu tiempo. Cuando estés listo, sientes un sentido de libertad; has expulsado lo que te separa de los demás. Ahora percibes un amor que fluye alrededor del círculo, moviéndose a través de tus manos y conectando con tu corazón. Es como si el corazón de todos se conectara a través de un hilo. Mira a estas personas que saben que este círculo es la materia de la que está hecho el universo. Ya no ves las diferencias entre las personas, sino las semejanzas. Oyes risas, un idioma, un rostro y un corazón. Oye a María decir: "Ámate a ti mismo y ámense unos a otros y serán uno con Dios y él estará complacido". Es bueno saber que este es el primer paso hacia la aceptación y el amor universal. Sientes las bendiciones del cielo.

# 6

# ¿Qué ocurre cuando morimos?

## ¿Qué es el cielo?
## ¿Existe la reencarnación?

ANNA: Madre María, dices que el reino existe dentro de cada uno de nosotros. Sin embargo, también dices que existe un cielo. ¿Me puedes explicar?

MARÍA: Es con gran placer que te hago saber esto, a ti y a todas las personas. Es importante saber la respuesta y encontrarle sentido lógico. El reino de Dios, tal como existe en tu alma, es la bondad de Dios y toda su justicia. Es esta energía de Amor la que reside en el alma, acompañada del poder del Altísimo, Dios. Él comparte esto con tu alma de manera que puedas saber que Dios está siempre contigo y dentro de ti. En su residencia, crea una intimidad innata y una conexión con Dios. Ese es el reino de Dios que habita dentro de ti. Sin embargo, el cielo está fuera de tu alma y de tu ser físico. Es un sitio donde el alma añora descansar. El reino de Dios está dentro del cielo, al igual que la bondad de Dios, su justicia, su Amor, autoridad y poder. ¿Entiendes?

ANNA: Me has dicho que mantenga los conceptos simples y estoy tratando. Es decir, que el reino de Dios existe en todos nosotros como un pedazo de Dios que nos mantiene conectados con él. Todo lo que esto es, todo lo que representa, la energía que es, también es parte del cielo. ¿Correcto?

MARÍA: ¡Entonces entiendes!

ANNA: Madre María, háblame del cielo. Cuando yo muera, ¿estaré contigo?

MARÍA: Sí, mi dulce niña. Te estaré esperando igual que estaré allí para todos mis hijos.

ANNA: Madre, saber que estarás allí me hace tan feliz. ¿Estaré también con mis seres queridos que han fallecido?

MARÍA: Verás y estarás con todos los que has amado durante tu vida. El Amor es la conexión que te llevará hacia los que has querido en la tierra. El Amor trasciende todo y nunca deja ir a aquellos a quienes reúne. El Amor es el regalo más grande que Dios le ha dado al mundo.

ANNA: Me pregunto si los que están en el cielo no están en sus cuerpos humanos, ¿podré reconocer a las personas que fallecieron antes que yo?

MARÍA: Los reconocerás por sus energías únicas y por su amor. Te colmarán de afecto y te presentarán a tus antecesores.

ANNA: ¿Pueden nuestros seres queridos que han fallecido presentarse en forma humana en el cielo o solamente en forma de energía?

MARÍA: No hace falta que alguien vea cómo lucía el cuerpo físico en la tierra después de haber fallecido. Tal vez no estén conscientes de ello, pero mientras viven sus vidas están percibiendo y viendo realmente sus energías mutuas. Cuando te marches para reunirte con tus seres queridos en el reino Divino, los recordarás y los reconocerás por sus energías individuales.

ANNA: ¿Qué ocurre si algunos de mis antepasados no son buenas personas? ¿Me darán la bienvenida de todas maneras? ¿Estarán en el cielo?

MARÍA: Si no han reencarnado, se han estado evaluando y purificando. Sí, estarán allí para que los conozcas.

ANNA: ¿Quiere eso decir que el alma olvida su vida en la tierra?

MARÍA: La purificación tiene el propósito de ver esa vida con ojos de puro amor y comprensión. Esto es importantísimo en la evaluación de una vida.

ANNA: ¿Qué es la evaluación de una vida? ¿Tenemos todos que pasar por eso?

MARÍA: La vida no es algo trivial; todas las vidas tienen sustancia. Al entrar en el reino Divino todos deben pasar por la evaluación de sus vidas. Todos deben ver las acciones, inacciones, las cosas buenas y malas que iniciaron y en las que participaron durante sus vidas. Todos deben ver y sentir el amor y la felicidad que dieron y recibieron, al igual que el odio, la ira y el dolor causados a otros. Y así, si alguien intenta hacerle daño a otros, o crear cualquier forma de sufrimiento, entonces al entrar en el reino de Dios, esa persona debe ver las heridas y el dolor que ha infligido a otros. Como todos están en la energía del alma pura cuando están en el cielo, esto causa gran sufrimiento y separación de Dios. El único deseo del alma es cumplir la voluntad de Dios. Es aquí de donde viene el término infierno. El infierno no es la carne quemada que se representa en las pinturas y la literatura. El infierno es el abismo, la barrera energética que impide que un alma impura llegue a Dios. ¿Cómo puede quemarse el alma cuando es una energía que no tiene forma física? El infierno es el fuego que quema un alma impura, lo cual es peor que quemar carne. Es un dolor intenso que requiere revivir todo el sufrimiento que esa alma le ha causado a otros en la tierra. Esto es tortura. Sin embargo, Dios es un Padre de amor y una vez que se complete la evaluación, el alma recibe una oportunidad para aprender y ser perdonada.

ANNA: A eso se refería entonces Mateo cuando dijo: "mas los hijos del reino serán echados a las tinieblas de afuera; allí será el lloro y el crujir de dientes" (Mateo 8:12). ¡Suena tan horrible!

MARÍA: ¡Es lo más horrible porque no hay nada peor! ¿Qué es más aborrecible que actuar contra la voluntad de Dios y causar una separación de Dios? El infierno es oscuridad; no hay luz, es un estado de absoluta soledad donde el alma se quema en deses- peración por Dios. Sin embargo, como dije, Dios es una fuerza de amor y el amor perdona a aquellos que buscan perdón. Pero sepan que el perdón viene después de que el agresor es obligado a entrar en este sitio de "infierno". Uno no puede ser maligno y entrar fácilmente en el reino de Dios. Aquellos que atraviesan este infierno deben estar contritos y humildes cuando piden perdón por sus ofensas. Deben asumir la razón de sus transgresiones y procurar reparar sus almas.

ANNA: ¿Cómo podemos nosotros, como individuos, servir a la humanidad en nuestro actual clima divisorio?

MARÍA: El mundo se creó para que fuera un lugar de magnificen- cia y paz entre toda creación. Ahora mismo, el mundo está pasando por un momento difícil. Recuerda, en oración todo es posible. Ora por tus líderes del gobierno. Ora por los inocentes y por los que buscan que la paz encuentre una manea de entrar. Ora por que los malvados estén bajo control. Con la oración, tú y tus líderes encon- trarán respuestas.

ANNA: Es tan difícil perdonar a otros cuando nos lastiman. Si alguien intencionalmente hace algo para hacer daño a otra persona, ¿debe la víctima perdonarlo?

MARÍA: Todos están en la energía de Dios por completo y deben encontrar en sus corazones la manera de perdonar. Cuando se aferran a sentimientos de no perdonar a otros, se bloquean del amor que los rodea. Este sentimiento los separa de Dios. ¡Hija mía, muéstrale al mundo que Dios reside en ti! Compórtate de una manera que sea digna de Dios y otros te seguirán.

ANNA: Eso puede ser muy difícil. ¿El perdón significa que tenemos que permanecer en una relación con personas que nos lastiman?

MARÍA: Si optas por alejarte de alguien que te ha lastimado, ora por él o por ella. Eso es bueno. No se puede obligar a la gente a olvidar. A veces permanecer alejados es lo correcto.

ANNA: Me imagino que eso es algo que muchos necesitan aprender a hacer. Muchas personas dicen que la tierra es un aula escolar. ¿Es este el lugar donde se supone que aprendamos?

MARÍA: La tierra es en realidad un aula escolar, un sitio para aprender a estar más cerca y reunirnos con Dios. Esas almas que han vivido en oposición a la Verdad deben regresar a la tierra para aprender lo que no aprendieron; por qué vivieron contra Dios. Esa es su penitencia... salir del reino del Amor puro y regresar a la forma humana. Entonces reciben la oportunidad de actuar más como las creaciones del Amor.

ANNA: Creo que estás hablando de la reencarnación... ¿Sólo reencarnan los que han cometido actos horribles?

MARÍA: ¡Tú, mi querida, eres un alma vieja! Nadie es perfecto en la tierra. Hay algunos que siguen a Dios más de cerca y están más iluminados, pero no son perfectos. Sólo Dios en su majestad es perfecto. Pero Dios los hizo a ustedes para que se esforzaran para lograr la perfección y para amar perfectamente. Eso es lo que el alma desea. Por lo que las almas optan por regresar a la tierra para llegar a ser "mejores" y más amables. También regresan para enseñar a otros lo que es el amor y para sanar al planeta y a sus habitantes. Así que no sólo reencarnan los que han cometido actos horribles en la tierra.

ANNA: Me suena como que la tierra es más bien un purgatorio. ¿Es verdad eso?

MARÍA: Lo es… pero purgatorio es no más que un nombre que se le ha dado a un estado del ser. No es un lugar sino un estado de añoranza de Amor y de Dios. Las almas existen en purgatorio para aprender y se les da otra oportunidad para ser "mejores". Pero el estado de purgatorio deja al alma deseando a Dios y su reino. La separación puede ser dolorosa y desolada, aún cuando la gente esté rodeada de otras personas. Es el conflicto de la condición humana. Los humanos se esfuerzan por todo en la tierra mas no logran la verdadera alegría y felicidad estando tan lejos de Dios. Eso no significa que la felicidad sea elusiva. La gente puede ser feliz, pero la verdadera satisfacción, el amor y la alegría pueden sentirse sólo en la unión con Dios.

ANNA: Los místicos de las diferentes religiones han hablado de lograr un estado eufórico en que sus almas se integran en una unión íntima con lo Divino. Han dicho que cuando están en este estado viven la verdadera alegría. Suena como que están entrando en un lugar que es el cielo. ¿Puedes hablarme más de eso? ¿Podemos todos alcanzar ese lugar cuando estamos en la tierra?

MARÍA: Sí, todos pueden alcanzar ese estado. Es un acto de gracia que se otorga a aquellos consagrados en mente, cuerpo y espíritu a Dios. Y es así que este estado también lo han vivido personas que practican diferentes religiones. Dios, en su perfecta sabiduría permite a todos venir a él a través de este estado de éxtasis. Es su manera de mostrar al mundo que todos pueden deleitarse en él, no importa cuál religión practiquen. Como muchos de los místicos han expresado, existen muchas capas de la realidad y mucho que perder cuando a uno se le concede acceso al reino más alto. Esto se ha hablado en hebreo, griego, copto, siríaco, árabe, persa, indostánico, así como las lenguas modernas. La gente ha vivido el misticismo desde el comienzo de la humanidad.

ANNA: Muchas personas han dicho estos días que han muerto e ido al cielo y que han regresado a sus propios cuerpos. Estas "experiencias cercanas a la muerte" han sido incluso reportadas por médicos que las confirman después de hablar con sus pacientes. Y recientemente ha habido médicos que han dicho que ellos mismos han tenido sus propias experiencias de muerte y están presentando pruebas de ello. Aunque los científicos tengan muchas teorías para desmentirlas, las historias continúan propagándose. ¿Son ciertas estas experiencias de muerte?

MARÍA: Sí, hay personas que pueden morir temporalmente y entrar en el reino celestial pero regresar a sus cuerpos físicos y a la tierra. En este momento de la historia de la evolución de la humanidad, hay necesidad de ver y validar el cielo. Hay tantas personas escépticas o que no creen en el cielo o en el reino de Dios. De ahí que Dios en su gloria ha permitido a personas asomarse a un pedazo del cielo. Estas experiencias son ciertas.

ANNA: Muchas de estas personas que han tenido experiencias cercanas a la muerte informan que no querían regresar a la tierra. ¿Por qué tienen que regresar?

MARÍA: Es que después de estar en el reino celestial, aunque sea por un momento, es difícil tener deseos de estar en cualquier otro lugar. Una vez se tiene un vistazo del cielo, se tiene también una añoranza por él. Es doloroso regresar al cuerpo. Sin embargo, algunas de estas personas han sido regresadas para describir y dar credibilidad a su jornada y divulgar la noticia o cambiar sus vidas o simplemente completar su misión o el propósito de su alma en la tierra. En todo caso, no es el momento de quedarse en el cielo.

ANNA: Mencioné antes que recientemente ha habido médicos y otros en la profesión médica que han reportado a la prensa o han escrito libros acerca de sus propias experiencias de muerte. ¿Son ciertas esas historias?

MARÍA: Estas historias son ciertas y Dios y todos en el cielo están contentos. Estos hombres y mujeres de ciencia demuestran valor contándole al mundo sus encuentros en el cielo. Dios en su infinita sabiduría permite que estas breves visitas al cielo sean vividas por personas escépticas y por aquellos que practican profesiones que pueden en alguna manera validar estas experiencias. ¿Hay algo más creíble que una persona de ciencia, un médico, hablando de haber visto el cielo? Vives en una sociedad que honra la educación y a las personas en posiciones de conocimiento. Por tanto, cuando un médico afirma que ha visto el cielo, la gente respeta y acepta el recuento de sus experiencias en el cielo. Y sus experiencias se validan en virtud de su posición en la sociedad y circula la noticia. Dios bendice a cada una de estas personas que cuentan sus "experiencias cercanas a la muerte". Ellos lo hacen mientras muchos en sus profesiones se burlan. Esa es la manera... Muchas veces la Verdad no se entiende inicialmente y se es ridiculizada. Ocurrió lo mismo con Jesús.

ANNA: ¿Pueden las personas también echar un "vistazo" al cielo en sus sueños?

MARÍA: Cuando el cuerpo está descansando, se puede ver el cielo. El cuerpo descansa mientras el alma todavía está despierta. Muchos mensajes del mundo del alma y del espíritu llegan a través de sueños.

**ANNA:** Quiero saber más del cielo. ¿Es un lugar? ¿Tú vives allí?

**MARÍA:** Me deleita describir el reino de Dios. ¡Las palabras faltan y son insuficientes para describir su grandeza! Es un estado de amor puro; un sitio donde las emociones humanas que no son de Amor no existen. Así que no hay odio, miedo, ira, soledad o desesperanza. El cielo es un lugar de paz lleno de la energía de Dios; de Amor y de almas disfrutando en la luz de ese amor. Yo tengo mi lugar en el reino de Dios. Estoy cerca de la energía de él que es el gran "Yo Soy". Tengo la bendición de ser una que comparte su energía y la trae a la gente en la tierra al igual que les traigo sus mensajes también. Es tan difícil comprender la belleza del cielo. Está más allá de lo que la imaginación puede evocar. El cielo es un lugar donde no sólo hay una visión que uno vive. Existe una sensación de amor incondicional que es irresistible. Es un estado del ser. Es un lugar y un estado de pura dicha. ¿Puedes entenderlo?

**ANNA:** Estoy tratando y esforzándome. ¿Un lugar del ser? No creo que pueda hallarle sentido a eso. Por favor, ayúdame a entender.

**MARÍA:** Es un sitio simple donde estar, sin querer ni desear nada porque el cielo es el lugar de "Todo", el lugar de Dios y de amor abundante, donde el alma se regodea en su gozo. ¿Entiendes?

**ANNA:** Creo que sí. Suena tan maravilloso. He oído que el cielo está muy cerca de todos nosotros y separado de la tierra por un velo. ¿Es cierto eso?

**MARÍA:** ¡La gente tiende a visualizar! Quieren ver y evocar imágenes para validar lo que no pueden ver con los ojos. Entiendo. Yo pertenecí una vez al mundo. No existe un verdadero "velo". Puedes imaginar un velo fino separando la tierra del cielo. Este velo está cerca de ti. Tú estás en una dimensión de realidad mientras el velo te separa del cielo, que está en otra dimensión. Este velo, como el velo que usan las novias, esconde la belleza que hay detrás. Una vez que se alza el velo un innegable sentimiento de amor brota y una asombrosa belleza se revela. ¡Qué bello es el cielo! Cuando el velo se levanta, no solamente tú vas a vivir el impresionante encanto del reino de Dios sino que estarás con tu amado, Dios. ¡Que maravilloso es esto!

**ANNA:** Estoy embelesada por tu explicación; es tan conmovedora. ¿Puedes hablarme más del cielo? No mencionaste la música y los ángeles tocando trompetas, ¿todo eso es inventado?

**MARÍA:** Los poetas y artistas han representado el cielo de esa manera. Dios obra a través del arte, pero a veces es el simbolismo, o lo que el arte representa. El cielo está lleno de todo lo que es bueno y justo. Muchos oyen a los ángeles cantando en gloria a Dios e instrumentos tocando música que las palabras no pueden describir. Otros ven y sienten otras cosas. Lo más importante es que el cielo es un lugar de Amor. Dios es glorificado por todo su reino.

**ANNA:** Como médium, cuando los espíritus vienen a mí a hablar de sus seres queridos en la tierra, me muestran que están envueltos en actividades que disfrutaban cuando vivían en la tierra. ¿Es cierto esto?

**MARÍA:** Te muestran esto para que transmitas algo que sus seres queridos puedan entender y reconocer. Sin embargo, algunas veces en el reino celestial las almas continúan disfrutando tremendamente las cosas que hacían en la tierra. No hay límite para la alegría en el cielo.

**ANNA:** ¿Participan en actividades los que están en el cielo?

**MARÍA:** El alma está siempre activa y en movimiento. Las actividades del cielo son diferentes a las de la tierra. Te repito que el cielo es un estado del ser y estar y deleitarse en el amor de Dios. El alma vive para glorificar a Dios y compartir su amor con otros en el reino y en la tierra. Sin embargo, en el cielo las almas también se comunican y aprenden unas de otras. Pueden incluso entrar en un lugar como una escuela para aprender las cosas que no aprendieron en la tierra. Pueden manifestar cosas que les gustaban en la tierra y participar en actividades similares. Para darte un ejemplo simple, si a un alma le gustaba bailar, esa alma puede encontrar una orquesta de otras almas o puede manifestar su música favorita para bailar. Son libres para disfrutar todo lo que es bueno y justo y les dan alegría. También se preparan para la reencarnación pero acceden a lo que necesitan aprender cuando regresan a la tierra. Las almas en el cielo visitan a sus seres queridos en la tierra para ayudarlos y guiarlos a través de sueños o de otros mensajes que se envían. Por ser seres enérgicos, pueden mover objetos, dirigir música y prender la luz y otros artefactos movidos por la electricidad. También descansan en la sobreabundancia del amor de Dios. Es difícil para ustedes entender cómo esto puede ser maravilloso, pero lo es. Están tan enfocados en sus vidas y dedicados a "vivir" que puede ser difícil conceptualizar cómo esto puede ser la felicidad máxima. Sin embargo, no hay alegría que se compare a estar en el reino Divino.

ANNA: Esa explicación tiene sentido para mí. ¿Y los animales? Quiero mucho a mis animales… ¿Encontrarán ellos un lugar en el cielo?

MARÍA: Los animales son criaturas de Dios y el cielo está lleno de ellos. Los perros y otros animales domésticos aman con una pureza que hace feliz a la gente y a Dios. Sí, los animales existen en el reino de Dios. Puede que no tengan la capacidad de hablar de su amor, pero es una forma diferente de amor que no se puede negar.

ANNA: Mucha gente tiene miedo de morir. Si somos almas que saben que vivimos para morir y estar con Dios, ¿por qué el miedo?

MARÍA: Mi querida, como humanos ustedes también tienen una parte de sombra, una parte de ustedes que puede traer oscuridad y por lo tanto permitir el temor. Esta oscuridad no viene de Dios sino de las energías que se oponen a todo lo que es bueno. Sí, el alma sabe, pero la mente lucha contra esa sabiduría. Y así la gente se olvida del cielo y aparece el miedo a lo desconocido. Sin embargo, con fe se conoce el cielo y la verdad de la muerte. Cuando la gente conoce verdaderamente a Dios, ellos saben que el cielo existe y no hay miedo. Todo proviene de conocer a Dios.

ANNA: No quiero desviarme del tema, por lo que más tarde te preguntaré sobre la parte de sombra que tenemos. Mencionas que el alma sabe... ¿Tiene conocimiento el alma de todas las vidas pasadas y todo lo que le ha pasado?

MARÍA: Sí, el alma recuerda, pero como ser humano tú no tienes acceso a todos esos recuerdos. Tu alma te guiará a través de las lecciones que ha aprendido en el pasado, pero los recuerdos mismos no siempre son conscientes.

ANNA: Pero pueden venir a la mente, ¿no? ¿No es eso lo que llamamos déjà vu?

MARÍA: Sí, los recuerdos pueden surgir a través del déjà vu y de los sueños y cuando te encuentras con alguien que puedes haber conocido en una vida anterior.

ANNA: ¿Explica esto la noción de encontrarse con alguien y sentir que lo ha conocido toda la vida?

MARÍA: Sí, las almas reencarnan junto con otras almas; tienen un pacto de enseñarse y guiarse mutuamente.

ANNA: ¿Qué pasa si la relación de esas almas falla o provoca dolor?

MARÍA: Hija mía, los humanos tienen que sufrir dolor para evolucionar. El dolor siempre trae lecciones. Debes estar agradecida por lo bueno y por las desafiantes lecciones en tu vida. Es la reacción al dolor lo que puede acercarte más a Dios y la perfección de tu alma. Es difícil no amargarse en un mundo tan lleno de tragedia y sufrimiento. Entrégale la alegría y el dolor a Dios y deja que el amor venga y te sane.

ANNA: A nadie le gusta el dolor... Algunas personas sufren mucho más que otras. ¿Por qué es eso?

MARÍA: Cada alma es diferente y debe andar su propio camino para llegar al cielo. Hay mucho basado en el libre albedrío y en vidas anteriores. Antes de que el alma reencarne, cuando está en el reino celestial llega a un acuerdo sobre las experiencias que debe tener en la tierra.

ANNA: Gracias por compartir esto conmigo. Hablas del cielo como un lugar donde no hay miedo, ira ni odio. Sin embargo, hay tanto de eso en este mundo. ¿Puedes hablarme de esto?

MARÍA: Sí. Es necesario hablar de las cosas para que el mundo sane.

## Meditación para el capítulo seis

✦ Cierra suavemente los ojos y respira. Pídeles a los ángeles que te rodeen en un círculo brillante de luz, amor y protección. Imagina una columna de luz del cielo situándose encima de tu cabeza, diseminándose por todo el cuerpo y anclándote al centro de la tierra. Siente esta maravillosa luz atravesándote la columna vertebral desde la punta de los dedos del pie. Deja que tu cuerpo se relaje mientras te concentras en tu respiración.

Observa cómo sube y baja el pecho cuando aspiras todo lo que es bueno y justo en el universo. Observa que te estás llenando los pulmones del Divino aliento de Dios. Imagina tu respiración como una ola suave que se mueve hacia delante y hacia atrás. Siente cómo se te relaja el cuerpo cuando exhalas y dejas ir el estrés, la negatividad y todo lo demás que no te sirve. Toma conciencia de lo agradable que esto se siente. Es un verdadero regalo dejar que la relajación traiga paz a tu mente, cuerpo y alma.

✦ Permite que la energía de María, de su amor y paz, entren en tu cuerpo cada vez que respiras. Expulsa todo lo que no te sirva: estrés, ansiedad, ira, animosidad, autorecriminación y cualquier otra cosa que te impida conectar con el cielo. Al moverte hacia este magnífico lugar de relajación total, comienza a sentir una sensación de paz moviéndose a través de tu cuerpo. Es una sensación muy agradable. Disfruta de esta paz y relájate. Al continuar sintiendo que el pecho te sube y baja cuando respiras, imagínate que te rodea una sedosa luz azul pálida. Sientes su vibración suave dando vueltas alrededor tuyo, alertándote y llenándote los sentidos. Simplemente permítete existir mientras esta vibración azul flota a tu alrededor. Conoce que es agradable. Deja que esta vibración te abrace suavemente. Reconoce esta vibración como la de la Madre María. Deja que su cálida presencia desplace tu concentración en tu respiración hacia el suave latir de tu corazón.

✦ Visualiza el corazón creciéndote en el pecho al dejarla entrar. Fíjate cómo el suave color azul te da vueltas,

y permite que entre en tu cuerpo físico y tu corazón.
Imagina que todo tu ser se extiende hacia ella. Dejando
que la suave luz azul te llene el corazón, reconoce
que María y tú se mezclan enérgicamente; se están
convirtiendo en una única esencia. Deléitate sabiendo
que estás vibrando con su energía. Al respirar, comienza
a sentirla más y más y permítete profundizar más. Ahora
imagina un espacio en blanco, libre de pensamiento,
y deja que tu aliento deambule en silencio. Visualiza a
María de pie frente a ti; cualquier imagen que funcione
bien. Ella puede continuar siendo de color azul pálido o
sólo un sentimiento, o tal vez quieras personificarla. Te
repito que escojas cualquier forma que te resulte cómoda.
Mírala extendiendo la mano o mira su energía tratando
de alcanzarte.

♦ Óyela hablar suavemente: "La muerte no existe". Siente
su contacto cálido cuando tiernamente te guía a través
de una puerta ancha y antigua, con palabras grabadas
escritas en hebreo y árabe, hacia una habitación vacía
pero muy iluminada. Ella te dice que esta habitación
contiene la energía del cielo. Oyes a los ángeles y otros
cantando y la música te calma y te aquieta. Te sientes
relajado y feliz cuando el gozo inmenso del amor te
rodea. María te pide que abras tu corazón, que dejes
ir el miedo y que acojas el amor que te trae el cielo
a la mente, cuerpo y alma. Siéntate en este lugar de
amor, paz y alegría todo el tiempo que quieras. Llévate
este sentimiento contigo el resto de tu día. Cuando te
olvides, vuelve a este lugar y a esta meditación.

# 7

# La maldad en el mundo

*¿Qué es la maldad?*

**ANNA:** Madre, si Dios creó todo en amor, ¿de dónde viene la maldad?

**MARÍA:** Mi queridísima, la maldad me duele mucho. Cuando los humanos actúan de una manera para hacerse daño ellos mismos y a otros están en directa oposición a la voluntad de Dios y a todo lo que es amor. La maldad ha existido casi tanto como la humanidad, aunque no había maldad en el principio; la maldad surgió del deseo humano de dominarse unos a otros y de querer cosas que no eran de Dios. La gente se desplazó de la pureza del amor hacia un lugar donde las cosas que creaban y el poder que podían lograr en la vida se volvió muy importante. Esta maldad creó competencia para ganar más dinero y más poder. Surgió una lucha por la supremacía en muchas áreas de sus vidas. La maldad no está en el poder o en el dinero sino en cómo se utilizan para corromper la bondad de Dios.

**ANNA:** A mí me parece que el poder le da a la gente la ilusión de control sobre sus vidas. ¿Es esa la maldad?

MARÍA: Si la gente tuviera fe, no sufrirían de ansiedad por la falta de control en sus vidas. La gente busca tener control porque mucho está fuera de su control. Creen que habrá paz si pueden controlar todo a su alrededor. Eso nunca va a ocurrir. Pero si se rindieran a la voluntad de Dios en oración y aceptaran el poder que está sobre todas las cosas, no habría necesidad de convertirse en dioses ellos mismos. No es solamente idolatría de cosas y dinero, sino de ellos mismos. Mucha gente lucha por convertirse en un dios pero no como Dios. En la búsqueda de la supremacía, alimentan sus egos con cosas y dinero y poder para impresionar a la gente. Buscan halagos y su orgullo crece. Se adoran a sí mismos y no a lo Divino que llevan dentro. No es malo desear control, pero es el medio de encontrar control lo que ha conducido a malos comportamientos. Y la fuerza maligna en el universo tentará a la gente a alejarse de lo que es justo y de lo que no sirve al Amor.

ANNA: No estoy segura que entiendo. Si Dios no creó esta fuerza maligna que va contra todo lo que él es, ¿por qué lo permite?

MARÍA: Hija mía, sé paciente conmigo... esto para ti es muy difícil de conceptualizar. Tú y todas las personas fueron creadas en la belleza del amor y de todo lo que es bueno. Dios creó a la gente en toda su gloria para compartir su amor. Sin embargo, esta creación también permitió la maldad como una forma para que la gente pudiera escoger el camino correcto hacia el corazón de Dios. Sin la oscuridad no conoceríamos la luz. ¿Cómo puedes saber las maravillas de la luz del día sin la oscuridad de la noche? Es así de simple.

ANNA: Bueno, yo quisiera que hubiera una mejor manera. Hay mucho acerca de la maldad que no entiendo. Dices que fuimos creados en belleza y amor. A través de mis estudios de psicología, he aprendido acerca de la "parte de sombra" que el psiquiatra suizo Carl Jung dijo que era parte de quienes somos. Para simplificar, dijo que tenemos un aspecto de nuestra personalidad que es oscuro porque está hecho de emociones e impulsos humanos negativos, socialmente o religiosamente inferiores tales como la lujuria sexual, las luchas por el poder, el egoísmo, la avaricia, la envidia, la ira o la furia. Tal parece que cualquier cosa que consideramos malo o inaceptable y lo que negamos en nosotros se convierte en parte de la sombra. ¿Es cierto que tenemos una parte oscura?

MARÍA: Mi querida, esto es muy complicado pero te ayudaré a entender. Todas las personas nacen puras y buenas. Con el transcurso del tiempo, debido a que el mundo está lleno de lo que es bueno y lo que es malo, los niños aprenden a distinguir entre ambos. La gente desea no sólo lo bueno, sino también lo malo. Estos deseos se convierten en parte de la persona y a lo que te refieres como la parte de sombra. Esta parte de la persona crea añoranzas por lo que no es de Dios. Esto es también la fundación del libre albedrío y las opciones. Cada persona debe optar por seguir la parte de su naturaleza que sea congruente con la de Dios, o el otro lado que alimenta su deseo de lo que el mundo es fuera de la bondad de Dios.

ANNA: Entonces otra manera de ver lo que estás diciendo es la moralidad...

MARÍA: La moralidad es la manera correcta de vivir. La gente debe seguir el Amor y todo saldrá bien. El modo de vivir moralmente está escrito en los Diez Mandamientos y está dicho en los preceptos de las religiones. Amar y respetarse a sí mismo y a los demás... amar a Dios sobre todas las cosas. Si todas las personas vivieran siguiendo esta regla simple, la gente del mundo se uniría y habría paz.

ANNA: Eso me lleva a preguntarme si hay maldad dentro de nosotros. ¿No somos gente buena?

MARÍA: ¡Querida! Ustedes son seres de luz, Dios es moral y muy perfecto en su bondad. Sin embargo, llevas dentro la habilidad de optar por hacer cosas contra tu naturaleza. Es una batalla constante de la humanidad; actuar movida por lo que es justo y que le agrade al Señor, o hacer lo contrario. Es la batalla de seguir a Dios y sumarse a su amor y todo lo que es perfecto y justo en el universo. Volvemos al libre albedrío. Dios, en su sabiduría, sabe cuán difícil puede ser y se regodea cuando la gente opta por seguirlo a él y lo que es bueno. Y es cierto que no todos escogen el camino justo. Existen aquellos que escogen rendirse ante la oscuridad. Al hacer esto, atraen fuerzas malignas que están fuera de ellos.

ANNA: Muchas religiones creen que hay una fuerza primaria en el mundo que es maligna. En el zoroastrismo se llama Ahrimán, en el budismo es Mara, en el judaísmo y el cristianismo se llama Satanás, Lucifer o el Diablo. En el islam es Shaitán o Iblis; aun las religiones nórdicas identifican esta fuerza maligna como Nidhogg. ¿Es esto cierto? ¿Existe de verdad un "diablo"?

MARÍA: El mundo evolucionó en balance y Dios no detuvo esto. Y así, en ese balance está lo bueno y lo malo. Proveniente del deseo del hombre por las cosas materiales del mundo y también para ser supremo, surgió una fuerza que es puramente maligna y puede llamarse por cualquiera de esos nombres.

ANNA: Estas religiones presentaron varios puntos de vista de lo que es esta energía maligna. ¿Cuál es la verdad?

MARÍA: Hija mía, me complace tanto que busques tan intensamente la Verdad. Sin embargo, a veces la Verdad se mezcla con diferentes puntos de vista o fuentes. En este instante, cada religión presenta una verdad sobre El Maligno. Cada nombre y descripción de la maldad son correctos. Dentro de cada tradición hay diferencias menores pero todas hablan de la energía maligna o la fuerza que existe y separa a la gente de Dios. Esta fuerza puede entrar en los corazones y en las mentes de la gente y permitir destrucción.

**ANNA:** ¿Cómo hace este "maligno" para separar a la gente de Dios?

**MARÍA:** Mi hijo oró: "Y no nos metas en tentación, mas líbranos del mal" (Mateo 6:13). Este maligno del que él habló atrae a la gente de lo que es bueno, justo y moral hacia lo que alimenta el otro lado de ellos, la parte más oscura de la que hablas. Puede atraer e influenciar a la gente con riquezas del mundo y felicidad de corto plazo hacia una gratificación inmediata. Dios promete eterna felicidad llena de las riquezas de su reino. La maldad no puede hacer eso. No brinda amor, brinda autodestrucción y profanación. Trae odio e ira que son productos del miedo. A través de las épocas, ha atraído a la gente de un verdadero camino del Amor. El Maligno le prometió a mi hijo el dominio de todo si él lo hubiera adorado. Mi hijo le dijo: "Vete, Satanás, porque escrito está: 'Al Señor tu Dios adorarás y a él sólo servirás'" (Mateo 4:10–11).

**ANNA:** Jesús sabía que era el Diablo tentándolo, pero ¿qué de la gente que puede usar la racionalización y no ve la maldad tal cual es? Osama bin Laden, a través de su punto de vista extremista, causó mucho dolor y fue responsable de muchas muertes. Mucha gente le creyó cuando hablaba acerca de lo justo que era odiar y purgar a los americanos, los judíos y los cristianos. Ahora tenemos otros grupos que han surgido para hacer lo mismo. ¿Cómo es posible que no entiendan ni tengan compasión por la gente que están haciendo daño en el nombre de Dios?

**MARÍA:** Hija mía, la maldad nunca podrá racionalizarse de verdad. Dios le dio a la gente la habilidad de hacerlo pero también le dio inteligencia y gracia para saber la diferencia entre lo bueno y lo malo. ¿Cómo puede racionalizarse que es bueno destruir una raza de personas? ¿Cómo matar y mutilar puede ser bueno jamás? La maldad es maligna y punto. Además, como he dicho antes, el miedo es lo contrario del amor. Osama bin Laden, a través de la maldad que lo movía por dentro, lo sabía. El Maligno trabaja con el miedo y a través de él. Bin Laden inculcó miedo en su gente; miedo de que "los otros" obtengan el poder del mundo y abandonen a su gente; miedo de que su gente estaba perdiendo poder. Era el miedo, no el amor, lo que motivó las atrocidades y eso es lo que la maldad hace y siempre ha hecho.

ANNA: Muy bien, presenté un ejemplo extremo. En la vida diaria la gente se separa de su familia para ganar más dinero y comprar más cosas. Son tentados por las cosas del mundo para ser felices. Puede que no consideren esto una fuerza maligna que los separa de la Verdad de Dios. Pueden racionalizar esto como una necesidad de dinero para sobrevivir y ese dinero les trae felicidad. ¿Cómo manejamos estos desafíos?

MARÍA: Esa es una excelente pregunta que se aplica a mucha gente. Cualquier cosa que te separe de Dios es mala. La avaricia es mala. La gente debe esforzarse por vivir en paz con las riquezas de Dios. Esta avaricia o deseo de tener más y más y más se convierte en una infección que se extiende a través de la persona, lo cual les borrará su esencia y, más importante aún, su relación con Dios. La infección se extiende hacia la manera en que se conducen y pueden volverse arrogantes y sólo hablar del dinero y de las cosas que tienen. Pueden seguir la maldad y volverse obsesivos. Sin embargo, no son dueños de nada y pueden haberlo perdido todo.

ANNA: ¿Perdonará Dios a estas personas por sus acciones?

MARÍA: Dios perdona a todo el que acude a él de rodillas pidiendo perdón.

ANNA: Si eso es cierto, y suponiendo que la maldad sea una entidad, ¿puede la entidad ser perdonada?

MARÍA: ¡Oh, hija mía, que maravilloso sería eso! Si el Diablo algún día pide ser redimido, que así sea. ¡Dios es todo amor y perdonará aun al mismo Diablo! ¡El fin de la maldad sería la salvación de la raza humana!

ANNA: Algunas personas han dicho que hay dualidad en Dios; un lado bueno y otro no tan bueno. ¿Tiene Dios un lado oscuro?

MARÍA: Te he dicho, y debes saberlo en tu corazón y tu mente, que Dios es un ser de puro Amor. Sé, hija mía, lo difícil que es que un ser pueda ser solamente bueno y hecho de Amor. No puedes ver esto con tus ojos pero debes saberlo de corazón porque es Verdad. Dios es sólo Amor. Él no causa dolor. Dios no tiene ninguna oscuridad o maldad pegada a él. La dualidad está en lo que el mundo creó. Dios es el "Yo Soy" y nada más. Él es quien es, y esa es la composición de amor y benevolencia absoluta. No pienses más acerca de Dios y entenderás todo sobre su naturaleza. Debes también orar a Dios que te proteja.

ANNA: Estoy orando. Madre María, por favor, ora conmigo.

MARÍA: Oraré y estoy contigo.

ANNA: ¿Y qué hay acerca de cosas materiales? Admito que me gustan las cosas buenas y el mundo está lleno de objetos. A fin de comprar cosas, la gente necesita trabajar y ganar dinero. ¿Es malo desear cosas materiales y dinero?

MARÍA: Vives en un mundo donde el dinero se usa para comprar cosas. Dios quiere que sus hijos vivan en abundancia. Él no creó esto, ocurrió a través del tiempo y es comprensible cómo surgió. Lo preocupante es lo que se hace con el dinero. El dinero y las cosas no deben adorarse. Sólo Dios y el amor deben colocarse en alto. En un final, las cosas que el dinero compra desaparecerán. Es el amor lo que permanecerá por la eternidad.

ANNA: Entonces, Madre, ¿quiere esto decir que todos podemos llegar al cielo aunque tengamos abundancia de posesiones?

MARÍA: Sí, mi hija, el cielo está siempre abierto para aquellos que se aman a sí mismo y a los demás y reconocen y adoran al Creador. Pero por favor, debo repetir que sólo Dios debe ser adorado. Sólo Dios puede llenar el vacío y la añoranza de amor y plenitud, no las cosas del mundo. Y hasta que estés en el paraíso, siempre habrá personas con más y otros con menos riqueza material. Sin embargo, es justo y benévolo proveer y ayudar a los más necesitados. Si un hombre necesita un abrigo, corta tu abrigo en dos y tanto este hombre como tú se sentirán abrigados.

ANNA: ¿Entonces no debe uno sentirse culpable por desear cosas materiales?

MARÍA: Culpa es una palabra utilizada para controlar a las personas. La gente se la impone a otros y después a ellos mismos. No debe haber culpa en desear y adquirir cosas. Obtener cosas del mundo no puede ser una razón para existir. La razón para existir es amar; aceptar el amor y compartirlo a fin de acercarse más a Dios. Si el dinero y las cosas del mundo obstaculizan esta jornada, entonces no son algo bueno y causarán una separación de Dios.

ANNA: ¿Entonces la culpa es de algo malo?

MARÍA: La culpa no es de algo malo de por sí. Ocurre cuando la gente siente que ha hecho algo contra la voluntad de Dios; contra la moralidad que siguen. La culpa hace buena pareja con la deshonra. Dios es una fuerza que perdona. Por vivir en el reino del libre albedrío, siempre hay causa y efecto. Sin embargo, cuando la gente está verdaderamente contrita, Dios perdona a todo el que acude a él con un corazón contrito y un sincero deseo de estar limpio de pecados y de mala conducta.

ANNA: ¿Y el pecado? Es una palabra que a veces se utiliza más que el amor dentro de las religiones. Entiendo que el mensaje es siempre alejarse del pecado, pero quisiera que se hablara más a menudo del amor dentro de las casas de Dios.

MARÍA: El enfoque de la humanidad debe siempre estar en el amor. Eso detendría las transgresiones o pecados de la gente. Detendría la maldad que abunda en el mundo. Y sí, los templos e iglesias deben predicar del amor por encima de todo lo demás por ser ese el camino al corazón de Dios. Enfocarse en los pecados y no en llevar amor a comunidades, familias y el mundo no es productivo. Si el enfoque es el amor, habrá una disminución de ofensas y más unidad con Dios. Debe enseñársele a la gente a vivir en concierto mutuo con amor. Déjale la maldad al Maligno. A los pecados no se les debe dar energía. Toda la energía debe estar en el amor. Aquellos que predican acerca de Dios deben estar predicando sobre el amor. No un amor que tenga fronteras, pues eso no es amor. Más bien un amor que sea universal. Es muy simple y todos necesitan saberlo.

ANNA: En el Antiguo Testamento se dice que los niños serán castigados por los pecados de los padres. Esto parece muy injusto. ¿Es cierto?

MARÍA: A cada persona se le da una oportunidad de ir a la luz o a la oscuridad. Dios no castiga. Las personas se castigan a sí mismas. Cuando alguien muere, es en el recuento de su vida donde pueden ocurrir el castigo y el dolor. Dios no impone eso. Sin embargo, si un niño opta por seguir los pasos de su padre que vive en el pecado, ambos sufrirán. Además, al leer cualquier texto sagrado, fíjense en las situaciones que cuentan las palabras; estas palabras son a veces específicas sobre la situación o la historia que se está contando. La gente debe tener cuidado de usar o interpretar mal las palabras, malentendiéndolas o sacándolas de su contexto. En el texto bíblico al que te refieres, Dios está hablando del pecado de la idolatría. La idolatría es una traición de Dios. Y el Maligno, en ese momento, estaba tratando de integrar la idolatría en la cultura para remplazar a Dios. A través del tiempo, los niños que crecieron bajo esta forma de adoración continuarían la práctica y se la enseñarían a sus propios hijos. Y así continuaría y perpetuaría esta transgresión contra Dios. Así que, padres, enséñenle a sus hijos lo que es bueno y lo que es justo, lo cual los dotará de armas enérgicas para combatir la maldad del mundo. Entonces tus enseñanzas se perpetuarán y tus hijos serán salvados...

ANNA: Sobre este tema, la oración fue retirada de las escuelas públicas en los Estados Unidos. ¿Está bien enseñarle a los niños sólo a orar en sus casas o en iglesias y templos?

MARÍA: ¡La oración pertenece dondequiera! ¡Dios pertenece dondequiera! No necesita ser una oración de cualquier religión. Puede ser una oración en silencio de corazón. No hay lugar donde la oración y la adoración a Dios deban prohibirse.

ANNA: Les dijiste a los niños en Fátima "...el Rosario es mi poder... Es el arma de la que debes hacer uso en estos tiempos de la Gran Batalla... Cada Rosario que recites conmigo tiene el efecto de restringir la acción del Maligno, de alejar almas de su perniciosa influencia... y de expandir bondad en mis hijos". Y le dijiste a Simón Stock: "Ora y ten el Rosario siempre en tus manos como una señal a Satanás de que me perteneces". ¿Deben todas las personas repetir el Rosario, aun los que no son católicos?

MARÍA: El Rosario es un arma poderosa contra la maldad. No es solamente en las oraciones que se dicen en sus cuentas, sino en la energía que crea en la repetición de las oraciones. Las oraciones se convierten en una mantra y elevan la vibración en y alrededor de todos los que las repiten. También me acercan más para decirlas contigo. Todos pueden repetir el Rosario; sin embargo, las palabras en las oraciones pueden no ser congruentes con sus creencias religiosas. Por lo que digo, cambien las palabras si eso lo hace aceptable para ustedes.

ANNA: Hay oraciones católicas específicas recitadas en el Rosario. ¿Cómo pueden cambiarse?

MARÍA: Cada persona debe hacer que estas oraciones sean congruentes con lo que cree. El Credo Niceno es una declaración de fe; haz tu propia declaración. La oración Gloria sea al Padre es una oración para glorificar a Dios y su presencia a través de las épocas que puede hacerse congruente con otros sistemas de creencias.

ANNA: ¿Pueden los animales encarnar la maldad? La gente dice a menudo que los pit bulls son animales malignos.

MARÍA: Los animales no pueden ser malignos porque no tienen la inteligencia ni están equipados para escoger opciones. Sin embargo, es deplorable que la gente críe animales para que sean feroces y crueles. Los animales son seres inocentes y no pueden ser malignos. La mayoría de los animales domesticados sólo quieren ser amados y amar a sus amos. Los animales silvestres siguen sus instintos naturales para sobrevivir y protegerse a sí mismos y a sus crías mediante la agresión. Eso no es maldad sino un acto justificable dadas las leyes de la naturaleza. Oro por que los animales no sean utilizados como armas o dañados en ninguna manera con fin de lucro. Es la persona que usa a los animales de esta manera quien actúa contra Dios. Dios ama todas sus creaciones y todas deben ser tratadas con amor y bondad.

ANNA: Bendita Madre, ¿qué debemos hacer para eliminar toda la maldad del mundo? ¿Cómo podemos proteger a nuestros hijos y a nosotros mismos?

MARÍA: Ora, canta y adora a Dios por encima de todo. Ora para que tus hijos tengan valor para poder alejarse de las tentaciones.

La mayoría de las religiones tienen oraciones de protección del Maligno. Los hindúes cantan el mantra de Mahamrityunjaya, que dicen que rechaza la maldad. Vibraciones divinas se generan al entonar este canto para rechazar todas las fuerzas negativas y malignas. Estas vibraciones crean un poderoso escudo de protección. Los musulmanes dicen una oración en la mañana para rechazar la maldad y creen que la oración los protege del mal desde la mañana hasta el final del día, cuando se repite otra vez para protegerse de la maldad mientras duermen. Te digo, ¡ora, ora y ora en cualquier forma que te haga sentido! Pide que el arcángel Miguel te escude y te proteja a ti y a tus seres queridos. Oraré contigo.

## Meditación para el capítulo siete

+ Cierra suavemente los ojos y respira. Pídeles a los ángeles que te rodeen en un círculo brillante de luz, amor y protección. Imagina una columna de luz del cielo situándose encima de tu cabeza, diseminándose por todo el cuerpo y anclándote al centro de la tierra. Siente esta maravillosa luz atravesándote la columna vertebral desde la punta de los dedos del pie. Deja que tu cuerpo se relaje mientras te concentras en tu respiración. Observa cómo sube y baja el pecho cuando aspiras todo lo que es bueno y justo en el universo. Observa que te estás llenando los pulmones del Divino aliento de Dios. Imagina tu respiración como una ola suave que se mueve hacia delante y hacia atrás. Siente cómo se te relaja el cuerpo cuando exhalas y dejas ir el estrés, la negatividad y todo lo demás que no te sirve. Toma conciencia de lo agradable que esto se siente. Es un verdadero regalo dejar que la relajación traiga paz a tu mente, cuerpo y alma.

♦ Permite que la energía de María, de su amor y paz, entren en tu cuerpo cada vez que respiras. Expulsa todo lo que no te sirva: estrés, ansiedad, ira, animosidad, autorecriminación y cualquier otra cosa que te impida conectar con el cielo. Al moverte hacia este magnífico lugar de relajación total, comienza a sentir una sensación de paz moviéndose a través de tu cuerpo. Es una sensación muy agradable. Disfruta de esta paz y relájate. Al continuar sintiendo que el pecho te sube y baja cuando respiras, imagínate que te rodea una sedosa luz azul pálida. Sientes su vibración suave dando vueltas alrededor tuyo, alertándote y llenándote los sentidos. Simplemente permítete existir mientras esta vibración azul flota a tu alrededor. Conoce que es agradable. Deja que esta vibración te abrace suavemente. Reconoce esta vibración como la de la Madre María. Deja que su cálida presencia desplace tu concentración de tu respiración hacia el suave latir de tu corazón.

♦ Visualiza el corazón creciéndote en el pecho al dejarla entrar. Fíjate cómo el suave color azul que te da vueltas entra suavemente en tu cuerpo físico y tu corazón. Imagina que todo tu ser se extiende hacia ella, ser parte de ella. Dejando que la suave luz azul te llene el corazón, reconoce que María y tú se mezclan enérgicamente; se están convirtiendo en una única esencia. Deléitate sabiendo que estás vibrando con su energía. Al respirar, comienza a sentirla más y más y permítete profundizar más. Ahora imagina un espacio en blanco, libre de pensamiento, y deja que tu aliento deambule en silencio. Visualiza a María de pie frente a ti; cualquier imagen que funcione bien. Ella puede continuar siendo de color azul pálido o sólo un sentimiento, o tal vez quieras personificarla. Te repito que escojas cualquier forma que te resulte cómoda. Mírala extendiendo la mano o mira su energía tratando de alcanzarte.

✦ Óyela decir: "Expulsa de tu mente, cuerpo y espíritu todo el miedo, la autorecriminación, el odio, la conducta adictiva, los pensamientos desagradables y cualquier otra cosa que no te sirva. Siente cómo todos estos atributos negativos comienzan a abandonarte. Permíteles a tu mente y cuerpo llenar este espacio vacío con compasión, amor, paz, fe, esperanza y perdón. Al hacerlo, comienza a sentirte más ligero pues no estás encadenado a todo lo que no es bueno en el mundo. Escucha a María decirte que hay un solo Dios y que Él es un poder de amor y compasión. Escúchala pedirte que le des entrada en tu corazón. Al oír sus palabras, comienza a sentir que un amor incondicional te llena de la cabeza a los pies. Entonces di: "Expulso todos los sentimientos y acciones en que he estado envuelto que no sirven al Amor". Deléitate en la sensación de amor puro.

# 8

# Ángeles

### *¿Existen realmente? ¿Qué son?*

**ANNA:** Madre, por favor háblame de los ángeles.

**MARÍA:** Los ángeles son criaturas gloriosas. Llenan el reino de Dios y por ello le dan gloria a Dios. Fueron creados en el principio y existen ahora y eternamente. Siempre han sido parte del reino de Dios. Se mezclan con la vibración de Dios como seres puros de luz.

**ANNA:** Entonces, ¿el propósito de los ángeles es simplemente darle gloria a Dios?

**MARÍA:** La tarea de los ángeles ha cambiado a lo largo de las eras. Cuando el mundo cambió y el hombre evolucionó, su propósito también evolucionó y se extendió. Hoy no solamente sirven a Dios sino a todas las personas.

**ANNA:** ¿Cómo son?

**MARÍA:** Son fenomenales seres de luz y bondad. Los ángeles nunca han sido humanos; siempre han sido pura luz. Brillan como el sol y son livianos como una pluma. Flotan alrededor de la gente y de Dios. Son los asistentes de la Verdad, seres benévolos que ayudan, guían, protegen y traen el amor de Dios a todos. Los ángeles son maestros y mensajeros de Dios. Tienen una gran sabiduría que Dios les ha conferido. Sus tareas tienen gran importancia y conllevan una alta vibración a la gente. Los ángeles vienen a anunciar, dirigir y hablar del amor de Dios. El ángel Gabriel apareció ante Daniel en el Antiguo Testamento, Zacarías en el Nuevo Testamento y Mahoma en el Corán. Los ángeles existen en todas las religiones para alumbrar el camino hacia la única Verdad.

ANNA: Dices que habitan en el reino de Dios. ¿Cómo entonces nos sirven aquí en la tierra?

MARÍA: Como todos los espíritus, pueden estar tanto en el reino como en la tierra.

ANNA: ¿Cómo nos ayudan aquí?

MARÍA: Mi querida, ¡la gente está desesperadamente necesitada de ayuda del cielo! Los ángeles a veces actúan como una conciencia, influenciando lo que es correcto. Pueden hablarle a la gente en sueños o incluso utilizando la voz de otras personas para comunicar mensajes. A veces aparecen visualmente ante personas que están espiritualmente abiertos a ellos. Siempre están presentes.

ANNA: ¿Es cierto que cada uno de nosotros tiene su propio ángel de la guarda? ¿Podemos tener más de uno?

MARÍA: Cada persona tiene su propio ángel de la guarda que la guía y le enseña cosas específicas. Estos están en su mayoría permanentemente en la tierra para poder ayudar constantemente a las personas que tienen a su cargo. ¡En todo momento sigue llegando ayuda del cielo! ¡Abre los ojos para ver; abre los oídos para oír! Ustedes todos están rodeados de muchos otros ángeles que también los protegen. Nunca están solos.

ANNA: ¿Están nuestros ángeles de la guarda con nosotros todo el tiempo?

MARÍA: Sí, ellos nunca los abandonan. Los rodean en su amor y luz.

ANNA: ¿Cómo se nos asignan los ángeles de la guarda?

MARÍA: Tu ángel de la guarda ha tenido una relación contigo desde que nació tu alma. Conoce tu alma y cada aspecto de tu ser, incluyendo tus vidas anteriores, tus pensamientos, motivaciones, deseos y necesidades. ¡Te ama tanto este ser! Tu ángel de la guarda existe para el crecimiento de tu alma.

ANNA: ¿Qué les ocurre a nuestros ángeles de la guarda cuando morimos?

MARÍA: Se quedan contigo y te enseñan. Su experiencia con Dios es diferente que la tuya. En el más allá comparten este conocimiento y amor contigo.

ANNA: ¿Qué ocurre cuando nos desviamos de lo que es bueno?

MARÍA: Reconocen tu ego y oran por ti. Tratan de influenciarte a través de tu mente consciente e inconsciente. Te traen a otros para que te ayuden.

ANNA: ¿Y los otros ángeles? ¿Están a mi alrededor también?

MARÍA: Los ángeles circulan alrededor tuyo y de todas las personas. Están a tu alrededor para apoyarte y levantarte. Ayudan a cambiar tus vibraciones y conexión con Dios. Cada persona tiene un ejército de protección alrededor suyo.

ANNA: ¡Y aun así seguimos metiéndonos en líos!

MARÍA: Ay… el libre albedrío. Puedes oír las cosas apropiadas y de todos modos hacer las cosas equivocadas.

ANNA: ¿Pueden los ángeles dirigir nuestras vidas?

MARÍA: Sólo pueden ayudarte a mantenerte en tu camino y cerca de Dios. Enseñan y guían. Su tarea es mostrarle a cada persona la manera de llegar a Dios para vivir en la abundancia de la gracia y el amor de Dios.

ANNA: ¿Tienen alma los ángeles?

MARÍA: Te repito, querida, que los ángeles son diferentes de los humanos. Al igual que los humanos, son la extensión del amor de Dios, aunque son puros y no desean más que estar en la gracia de Dios y rendirle alabanza y adoración.

ANNA: ¿Es cierto que existen ángeles caídos?

MARÍA: En el principio había aquellos que creían que podían tener su propio reino aparte de Dios. De modo que la respuesta es sí. Manifestaron ego. Se convirtieron en la fuerza de la oposición.

ANNA: ¿Puede esto volver a ocurrir?

MARÍA: Claro que sí, los ángeles también tienen libre albedrío. Sin embargo, es improbable debido a que los ángeles han existido desde el principio y se deleitan en la luz y el amor de Dios.

ANNA: ¿Los animales domésticos tienen ángeles de la guarda?

MARÍA: Hay ángeles que rodean a los animales, pero como ellos no tienen la inteligencia de un ser humano, no responden a ser guiados por ángeles. Los ángeles que los rodean actúan como una manta de amor. Los animales son muy intuitivos y los sienten.

ANNA: ¿Hay ángeles específicos asignados a tareas específicas? Por ejemplo, ¿existe un ángel para viajar o un ángel para médicos y enfermeras?

MARÍA: De algún modo los ángeles se sienten atraídos a ciertas actividades o profesiones, igual que los humanos, pero no de forma tan precisa porque todos los ángeles pueden ayudar en todas situaciones.

ANNA: Entonces no es necesario llamar al "ángel de los escritores" mientras estoy escribiendo este libro.

MARÍA: Mi querida, ¡no eres tú quien está escribiendo este libro!

ANNA: Muy bien, si estuviera escribiendo un libro sin ti.

MARÍA: No necesitas llamar específicamente al "ángel de los escritores". Sin embargo, puedes llamar a los ángeles y pedirles que te rodeen mientras trabajas. Influenciarán tu manera de escribir para tu máximo bien y el bien de todos los que son tocados por él. Esto es cierto de todas las cosas. Puedes llamarlos cuando tengas un conflicto con tu empleador y pedirles guía y claridad.

ANNA: ¿Cuál es la mejor manera de hablar con ángeles?

MARÍA: Te puede servir de ayuda recordar que ellos nunca fueron humanos. Ellos toman las palabras muy literalmente. Las preguntas pueden presentarse en la forma más específica posible.

ANNA: Muy bien, pero ¿cómo exactamente se comunican los ángeles con la gente?

MARÍA: Se comunican de muchas maneras. Puede ser una voz en la mente de una persona. Pueden mover objetos. Puedes verlos hermosos, magníficos, brillando con luz blanca. Se sienten muy ligeros y tienden a suspenderse en lo alto. Quieren ser queridos. Habla con ellos y llámalos para que estén en tu vida para protegerte y guiarte. Ellos te aman.

ANNA: Mucha gente habla de que ven ángeles. ¿Cómo se le aparecen a la gente?

**MARÍA:** ¡Los ángeles se les aparecen a la gente todo el tiempo! Quieren que la gente sepa que no están solos. Son seres de luz suave. Su densidad es como la de una pluma. Merodean en las esquinas. Alguna gente puede ver una luz que flota parpadeándose... o si miras hacia una habitación puedes ver interrupciones en la luz que te rodea. Los ángeles son luz. Hay millones de ellos alrededor tuyo y de cualquier persona. Llenan la atmósfera y te suavizan.

**ANNA:** ¿Y qué si los vemos de verdad? ¿Tienen alas?

**MARÍA:** Los ángeles no pesan y parece que vuelan. Sin embargo, estas magníficas criaturas no tienen alas. Ocasionalmente aparecen con alas para ser reconocidos por los humanos. Pero verdaderamente lo que hacen es simplemente flotar. No hay razón para que tengan alas: es un concepto humano explicar cómo pueden volar o flotar. La mayoría de los ángeles aparecen como una luz brillante que irradia amor y paz.

**ANNA:** También, algunos han dicho que han visto ángeles manifestarse como otro individuo. ¿Cómo puede ser eso si ellos nunca han sido humanos?

**MARÍA:** Los ángeles harán lo posible por ayudar. A veces eso implica adquirir temporalmente una forma humana.

**ANNA:** ¿Tal vez para salvar a alguien de un accidente?

**MARÍA:** Si no es el tiempo de la persona para pasar al reino, por supuesto. Los ángeles son fuertes de todas las maneras y pueden alzar a una persona de un automóvil desbaratado o reanudarle los latidos del corazón. Sé siempre agradecida para los que te han ayudado desde el cielo. Se llenan de alegría al saber que se reconoce su ayuda. Cuando les das las gracias, le estás siendo agradecida a Dios que te los envió.

ANNA: ¿Tienen nombres?

MARÍA: Sí, les ponen nombres.

ANNA: ¿Cómo podemos averiguar el nombre de nuestro ángel de la guarda?

MARÍA: Medita, silencia tu mente y pregunta.

ANNA: ¿Cómo sabemos si es el nombre correcto?

MARÍA: Me haces sonreír. ¿Cómo sabes si es el nombre incorrecto? Siéntelo y lo sabrás. Cree.

ANNA: ¿Les importa si los llamamos por el nombre equivocado?

MARÍA: Ellos sólo quieren que los llamen.

ANNA: Algunas personas han contado que hay ángeles que los llevan en viajes a través del plano astral cuando están durmiendo. ¿Hacen eso?

MARÍA: Sí, cuando uno está dormido el alma se libera para aprender y sanar. Esta es una gloriosa experiencia aunque no siempre es necesario que la persona recuerde cuando él o ella esté despierto. Estas jornadas son para beneficio del desarrollo del alma. Los ángeles, guías del espíritu y otras entidades celestiales acompañan al alma en estas jornadas.

ANNA: Es tan bueno saber que nunca estamos solos.

MARÍA: Eres muy querida y nunca estarás sola. Háblales a los ángeles y oye su canción. Están dondequiera que vas.

## Meditación para el capítulo ocho

+ Cierra suavemente los ojos y respira. Pídeles a los ángeles que te rodeen en un círculo brillante de luz, amor y protección. Imagina una columna de luz del cielo situándose encima de tu cabeza, diseminándose por todo el cuerpo y anclándote al centro de la tierra. Siente esta maravillosa luz atravesándote la columna vertebral desde la punta de los dedos del pie. Deja que tu cuerpo se relaje mientras te concentras en tu respiración. Observa cómo sube y baja el pecho cuando aspiras todo lo que es bueno y justo en el universo. Observa que te estás llenando los pulmones del Divino aliento de Dios. Imagina tu respiración como una ola suave que se mueve hacia delante y hacia atrás. Siente cómo se te relaja el cuerpo cuando exhalas y dejas ir el estrés, la negatividad y todo lo demás que no te sirve. Toma conciencia de lo agradable que esto se siente. Es un verdadero regalo dejar que la relajación traiga paz a tu mente, cuerpo y alma.

+ Permite que la energía de María, de su amor y paz, entre en tu cuerpo cada vez que respiras. Expulsa todo lo que no te sirva: estrés, ansiedad, ira, animosidad, autorecriminación y cualquier otra cosa que te impida conectar con el cielo. Al moverte hacia este magnífico lugar de relajación total, comienza a sentir una sensación de paz moviéndose a través de tu cuerpo. Es una sensación muy agradable. Disfruta de esta paz y relájate. Al continuar sintiendo que el pecho te sube y baja cuando respiras, imagínate que te rodea una sedosa luz azul pálida. Sientes su vibración suave dando vueltas alrededor tuyo, alertándote y llenándote los sentidos. Simplemente permítete existir mientras esta vibración azul flota a tu alrededor. Conoce que es agradable. Deja que esta vibración te abrace suavemente. Reconoce esta vibración como la de la Madre María. Deja que su cálida presencia desplace tu concentración de tu respiración hacia el suave latir de tu corazón. Visualiza el corazón creciéndote en el pecho al dejarla entrar. Fíjate cómo el suave color azul que te da vueltas entra suavemente en tu cuerpo físico y tu corazón. Imagina que todo tu ser se extiende hacia ella, ser parte de ella. Dejando que la suave luz azul te llene el corazón, reconoce que María y tú se mezclan enérgicamente; se están convirtiendo en una única esencia. Deléitate sabiendo que estás vibrando con su energía. Al respirar, comienza a sentirla más y más y permítete profundizar más. Ahora imagina un espacio en blanco, libre de pensamiento, y deja que tu aliento deambule en silencio. Visualiza a María de pie frente a ti; cualquier imagen que funcione bien. Ella puede continuar siendo de color azul pálido o sólo un sentimiento, o tal vez quieras personificarla. Te repito que escojas cualquier forma que te resulte cómoda.

◆ Mírala o siéntela cuando te llama. Síguela hacia una hermosa pradera. Siente la frondosa hierba verde bajo tus pies y mira arriba al cielo azul claro. Los rayos dorados del sol te acarician la cabeza y los hombros mientras caminas con ella a través de la pradera. Después de un rato, ella indica que debes sentarte en el suelo y aspirar las maravillas de la naturaleza de la que formas parte. Ella se coloca de pie detrás de ti. Al llenarte de todo lo que te rodea, ves luces parpadeando a una distancia de ti. Hay una luz que es más brillante y más grande que todas las demás. Al acercarse, sientes una innegable conexión. La luz puede comenzar a tomar forma. Ahora que está encima de ti, sabes que es tu ángel de la guarda.

+ Este maravilloso ser se sienta a tu lado y comienza a comunicarse contigo telepáticamente. Le haces preguntas a este ángel, tales como su nombre y por qué es tu ángel. Le cuentas diferentes cosas que están ocurriendo en tu vida. Vacías tu corazón y tu mente. Cuando te das cuenta de que la conversación ha terminado, te pones de pie y tu ángel se para contigo. María, tu ángel y tú caminan juntos en la pradera.

+ Cuando estás listo, abres los ojos con la certeza de que nunca estás realmente caminando solo.

# 9

# La ilustración

*¿Qué es un despertar?*

**ANNA:** Aunque el término *ilustración* no es prevalente en el cristianismo o el judaísmo, ha cobrado ubicuidad en nuestra sociedad, particularmente con el nacimiento de varias terapias de la Nueva Era y la espiritualidad moderna. Los budistas utilizan con frecuencia el término *ilustración*, el cual, según he aprendido, es en realidad la traducción occidental de *Bohdi*, que significa "un despertar". Por tanto, dependiendo de la religión o espiritualidad a la que uno se subscriba, el término ilustración parece tener varios significados: un despertar, la práctica de encontrarse uno mismo y/o deshacerse del pasado, alcanzar un sitio espiritual similar al nirvana, etc. Mi entendimiento ingenuo de cómo se aplica a nuestra relación con Dios, o cómo yo quisiera que se aplicara a esa relación, es que la ilustración es un reconocimiento consciente de ser de la misma esencia que Dios, permitiéndonos así trascender los deseos del mundo material. Eso es lo primordial, pero ¿existe semejante estado del ser?

**MARÍA:** ¡Sí, ese estado del ser existe! ¡Los místicos a través de los siglos han aspirado a ese estado del ser! Han querido descartar los deseos mundanos para estar en unión con Dios. Han buscado el poder de Dios dentro de sus propios seres. La ilustración espiritual conlleva un nivel de sabiduría y conocimiento acerca de la vida y el universo que no puede adquirirse de ninguna otra manera que muriendo y renaciendo en el cielo. La ilustración trae un entendimiento completo de la vida y el universo cuando uno se aleja de las cosas materiales.

**ANNA:** ¡Eso suena como una tarea monumental! ¿Puede uno realmente alcanzar ese estado viviendo en este mundo?

**MARÍA:** Puede parecer incomprensible, pero sí, uno puede alcanzar ese estado. Es usualmente un alma evolucionada que ha pasado por muchas vidas la que logre ese estado. Alcanzarlo significa alejarte de los deseos del cuerpo físico y acercarte a los deseos del alma enfocados únicamente en Dios. Sí, es difícil para la gente lograr ese estado, o siquiera entenderlo, dadas las varias distracciones del mundo. Tu prensa habla de guerras, gente esforzándose por adquirir poder, crímenes contra la humanidad y cosas por el estilo. Sin embargo, no habla diariamente de lo que es bueno. Sí, hay personas en todo el mundo que conscientemente procuran la ilustración. Provienen de varias religiones y diferentes orígenes. No todos alcanzan este estado, pero hay grandes bendiciones para aquellos que intentan alcanzarlo.

**ANNA:** ¿Era Jesús ilustrado?

**MARÍA:** ¡Jesús era ciertamente ilustrado! Jesús sabía que el Padre residía en su cuerpo físico. A veces la gente olvida que Jesús era de carne y hueso y que tenía que enfrentarse a las tentaciones del mundo. Sin embargo, se mantuvo firme en su verdad que es la Verdad de Dios. Rechazó todo lo que no viniera del Padre. Vivió para cumplir la voluntad de Dios y así lo hizo. Sus enseñanzas y palabras viven y continuarán viviendo. No buscó el poder de ser adorado en la tierra. Buscó gente para enseñarle el camino hacia la ilustración; el camino hacia Dios. Si toda la gente siguiera las palabras de mi hijo, habría paz. La tierra dejaría de existir y toda la gente viviría en el reino. Yo oro por que ese día llegue.

ANNA: ¿Podía Jesús hacer milagros debido a su ilustración?

MARÍA: El podía hacer milagros porque reconocía el poder de Dios atravesando su cuerpo. Le dijo a sus discípulos que podían hacer lo mismo. Si tú crees que el poder de Dios está en ti y no tienes miedo de actuar con amor y compasión, también tú podrás hacer milagros. Con pura fe en Dios, ¡puedes hacer que las montañas canten!

ANNA: ¿Buda era ilustrado?

MARÍA: Al igual que Jesús, Siddharta (Buda) no podía atemorizarse y fue tentado no sólo por las cosas materiales del mundo sino por la maldad. En su meditación conectó con la esencia del universo. A través de este proceso de acudir a su alma y a todo lo que está en el universo, se hizo ilustrado. Hay muchas similitudes con mi hijo: No buscó glorificación; es en sus enseñanzas que el mundo puede salvarse. Habló de compasión y amor y de las nobles verdades para crear un buen carácter. En su estado de ilustración, conoció la Verdad y procuró llevar a otros a ese lugar.

ANNA: ¿Tú eras ilustrada?

MARÍA: Sí, yo era ilustrada y estaba profundamente conectada con Dios. Yo no quería bienes materiales. Pasé mucho tiempo con Dios en oración. Oí la voz de Dios y de los ángeles. Mi fe fue un testamento de la vida que viví. Hablé las palabras de Dios y las de mi hijo y esparcí las enseñanzas sin miedo. Sin embargo, yo no estaba al nivel de Jesús ni de Buda.

ANNA: ¿Hay varios niveles de ilustración?

MARÍA: El más alto nivel de ilustración implica abandonar todo temor y todo deseo, vivir en la luz y compartir la sabiduría de vivir en la luz con el mundo. El mundo material no tiene lugar para aquellos que están al más alto nivel de ilustración. Es un verdadero conocimiento de Dios y la Divinidad interior.

ANNA: Sé que hablamos de almas, ¿pero puedes desviarte y hablarme acerca de los niveles de crecimiento del alma?

MARÍA: ¡No hay desviación pues todos los tópicos son un solo tópico! Esto varía para cada alma, pero en general te pasaré la sabiduría. Daré los nombres de los niveles para que entiendas y los recuerdes. A veces puede tomar muchos años para ir de un nivel al próximo y puede haber niveles entre ellos. No es preciso porque cada alma es única y evoluciona de manera diferente. Seré clara y concisa para que aprendas, pero seré breve. Hay tanto más que decir acerca de esto que podrás escribir otro libro. Además, un nivel no se distingue muy claramente de otro; a veces se mezclan uno dentro de otro.

+ En el primer nivel, el alma es infantil. Similar a un bebé, debe aprender acerca de la existencia física, la vida y la muerte, y necesita que la alimenten. A veces puede ser egocéntrica.

+ En el segundo nivel, el alma es más como un niño pequeño; conoce el mundo en que vive —su sociedad y cultura— pero busca un lugar dentro de todo. Quiere pertenecer.

+ En el tercero, el alma es similar a un adolescente y debe aprender acerca del libre albedrío, la responsabilidad propia y la fortaleza.

+ En el cuarto, el alma es madura y debe aprender a vivir con otras personas. Como un "alma madura" ha aprendido lo que es la coexistencia, la compasión y el amor según existen en la tierra. Ahora debe aprender la tolerancia y la paciencia.

✦ El quinto nivel representa el nivel del "alma vieja". El alma vieja ha aprendido y pasado por todos los niveles. Está lista para lograr la unión con Dios.

**ANNA:** ¿Hay muchas almas viejas caminando en este nivel hoy en la tierra?

**MARÍA:** ¡Bendito sea Dios, sí! Es por eso que el mundo es más abierto a la voz del cielo.

**ANNA:** Entonces si yo fuera un alma vieja, ¿qué tendría yo que hacer para lograr esta unidad con Dios?

**MARÍA:** Debes entregarte a Dios; reconocer su gran amor y amar verdaderamente y tener compasión de ti misma y de los demás. Debes renunciar a las añoranzas del ego y sentarte en oración y meditación para conectar con Dios. Debes vivir tu vida de acuerdo con la voluntad de Dios.

**ANNA:** Cuando se llega a ese nivel, ¿terminan los ciclos a través de vidas?

**MARÍA:** Sí, pueden quedarse en el reino. Sin embargo, si deciden regresar a la tierra para enseñar y ayudar, pueden hacerlo también.

**ANNA:** Entonces, ¿para ser un ilustrado tenemos que renunciar a nuestros empleos y meditar todo el día como los monjes tibetanos?

**MARÍA:** Los monjes tibetanos buscan la ilustración de una manera y tú puedes hacerlo de otra. Puedes mantener tu trabajo, pero si tu trabajo o tu participación en él no eleva de alguna manera la vibración del mundo, será difícil lograr la ilustración. Un alma vieja que busca la ilustración practicará actividades que le provean un sentido de realización personal. Esto puede ser en áreas como el arte, la jardinería, escribir o cosas que desaten la pasión. Entonces, hacia el final de ese nivel, el alma vieja busca ayudar y enseñar a otros el camino hacia Dios. Puede entonces estar lista para la ilustración.

**ANNA:** ¿Para alcanzar la ilustración tenemos que renunciar a nuestras posesiones materiales?

**MARÍA:** Ay... ¡esa es la parte más difícil de pensar! No tendrías que renunciar a todas pero tendrían que tener menos significado para ti. Tendrías que definirte por el Amor que llevas en el corazón, no por tus posesiones. Cambiarías de enfocarte en las cosas materiales a enfocarte en Dios y su esencia. Puede sorprenderte cuánto tu vida está compuesta de cosas materiales y te asombrarías más aún de cómo, con devoción a Dios, estas cosas perderían su encanto para ti.

**ANNA:** Cuando pienso en un ser ilustrado, imagino a un gurú. En serio, ¿podría yo alcanzar ese estatus?

**MARÍA:** ¿Y qué es el gurú sino un maestro? ¡Palabras! Como un ser ilustrado, enseñarías a otros acerca del amor, la compasión, Dios y la Verdad en la misma manera en que otros maestros ilustrados lo han hecho. Puedes hacer esto en tu trabajo y con las personas que conoces. Como he dicho, no hay una única manera correcta. Buda creció en el brahmanismo y Jesús era un judío. Ellos hablaban de una manera que su propia gente los oían y los entendían. Todo el que busca ilustración debe aprender a diseminar el mensaje de Dios de un modo que sea bueno y justo para ellos y para la gente a su derredor.

**ANNA:** ¿Tengo que volverme ilustrada para ir al cielo?

**MARÍA:** Para vivir en el reino de Dios tienes que tener compasión hacia ti misma y hacia los demás. Debes seguir la Verdad y el Amor, que encarnan todo lo que es Dios. Y si no lo haces, te someterás a la evaluación de tu vida y regresarás a la tierra para tratar de aprender una vez más.

ANNA: ¡Eso es bueno! Voy a hacer mi mejor esfuerzo por practicar la compasión, pero ahora siento menos presión de ser ilustrada.

MARÍA: Esa "presión" de la que hablas es el miedo que tiene el ego de fracasar. No tengas miedo y ama más.

ANNA: Hablas de diseminar el amor a través de la ilustración y de amarse uno mismo. ¿Qué quiere decir eso exactamente?

MARÍA: Una parte de amarte a ti misma significa renunciar a una parte de tu "ser". Al amarte a ti misma trata de averiguar quién eres y cuál es tu verdad individual. Tu verdad es quién eres como un ser de Dios. Tu alma conoce bien esa verdad y trata de sacártela. Tu ego, tu ser, tiene miedo del sufrimiento que tu verdad pueda causarte. Tu ser está en negación del poder de Dios. Cuando encuentres tu verdad y la aceptes, el ego dará un paso atrás y podrás amarte plenamente. Cuando puedas sentir y ver la belleza de Dios que llevas dentro, te podrás amar no sólo a ti misma sino a los demás también. Este es el máximo poder en la tierra… buscar la unión entre tu verdad y Dios. Son uno y el mismo. Es la Divinidad dentro de ti. No se trata de amarte tanto a ti misma que te eleves por encima de los demás. ¡No! Es lo contrario. Se trata de amarte a ti misma tanto que te vuelvas humilde hacia todo el mundo. Es saber que al servir, eres servida. Es un lugar de paz.

ANNA: ¿Cómo podemos todos servir mejor al mundo?

MARÍA: Sigue las palabras de los ilustrados… practica la compasión, elimina el prejuicio y ama a todas las personas; abre tu corazón al amor y recibe amor, acepta la Divinidad que llevas dentro, deja que la gente vea cómo vives tu vida en conexión con Dios, adora a Dios y sólo a Dios, ora no sólo por ti misma sino por los demás también. Si haces estas cosas, servirás al mundo.

ANNA: La Madre Teresa dijo: "Si no tenemos paz es porque hemos olvidado que nos pertenecemos unos a otros". ¿La Madre Teresa era ilustrada?

MARÍA: La Madre Teresa no buscó la ilustración, pero era ilustrada. Por su propia naturaleza ella era un regalo a la humanidad. Sus palabras enseñaron a tantas personas, su lenguaje hablaba de compasión y de ser humildes. Era pura en su misión de ayudar a los demás y derrumbar barreras. Ella sabía que la gente del mundo se necesitaba mutuamente y que Dios los conectaba a todos.

ANNA: Interesante… Dices que "Madre Teresa no buscaba ilustración, pero era ilustrada". ¿Entonces en realidad no tenemos que buscarla para alcanzarla?

MARÍA: ¡Me complace tanto que escuches todas mis palabras! No tienes que buscar la ilustración conscientemente para lograrla. Si vives tu vida de acuerdo con el único Amor verdadero, que es Dios, alcanzarás ese estado. Entenderás que vivir la vida de esa manera es el camino para todo lo que buscas.

ANNA: ¿Hay un lugar especial en el cielo para individuos "ilustrados"?

MARÍA: No hay jerarquías en el reino excepto para Dios. Todos son de la vibración de Dios. Todos están juntos en el reino. Puedes aún aprender de la energía de los "ilustrados", pero ellos pueden también aprender de ti. El reino te espera también pero debes dejarlo entrar y vivir con Amor en la tierra. Todavía tienes mucho trabajo que hacer en la tierra.

# Meditación para el capítulo nueve

✦ Cierra tus ojos suavemente y respira. Pídele a los ángeles que te rodeen en un brillante círculo de luz, amor y protección. Imagina una columna de luz del cielo situándose encima de tu cabeza, esparciéndose a través de tu cuerpo y anclándote al centro de la tierra. Siente esta maravillosa luz subiéndote por la columna vertebral desde la punta de los dedos del pie. Permite que el cuerpo se relaje mientras te concentras en la respiración. Fíjate cómo tu pecho sube y baja mientras aspiras todo lo que es bueno y justo en el universo. Sé consciente de que te estás llenando los pulmones con la respiración Divina de Dios. Imagina tu respiración como una ola suave que se mueve de atrás hacia adelante. Sientes el cuerpo relajarse cada vez que exhalas mientras dejas ir el estrés, la negatividad y todo lo demás que no te sirve. Sé consciente de esta sensación maravillosa. Es realmente un regalo permitir relajación y paz en tu mente, cuerpo y alma.

✦ Permite que la energía de María, de su amor y paz, entre a tu cuerpo cada vez que inhalas. Exhala todo el estrés, la ansiedad, la ira, la animosidad, la autorecriminación y todo lo que se atraviese en el camino que te conecta con el cielo. Según te muevas hacia este lugar magnífico de relajación total, comienza a sentir una sensación de paz que se mueve a través de tu cuerpo. Es una sensación maravillosa. Disfruta esta paz y relájate. Según continúas sintiendo que tu pecho sube y baja al respirar, imagina que hay una sedosa luz azul pálida rodeando tu cuerpo. Sientes su vibración suave dando vueltas alrededor tuyo, alertándote y llenándote los sentidos. Simplemente permítete existir. Date cuenta de que es buena. Deja que esta vibración te abrace suavemente. Reconoce que esta vibración es la Madre María. Permite que su cálida presencia desplace el foco de tu respiración hacia el suave palpitar de tu corazón.

+ Visualiza el corazón creciéndote en el pecho al permitirle entrar. Mira cómo el suave color azul circula alrededor tuyo y facilita la entrada en tu cuerpo físico y en tu corazón. Imagina que tu ser completo se extiende hacia ella, para ser parte de ella. Al permitir que la suave luz azul te llene el corazón, reconoce que María y tú se están mezclando enérgicamente, fundiéndose en una única esencia. Deléitate en saber que estás vibrando con su energía. Al respirar, comienza a sentirla a ella más y más y permítete ir a una mayor profundidad. Ahora imagina un espacio claro, libre de pensamiento, y permite que tu respiración deambule en silencio. Visualiza a María de pie delante de ti; cualquier imagen que funcione para ti será adecuada. Ella puede continuar teniendo el color pálido azul o ser un sentimiento, o tal vez quieras personificarla. Cualquier cosa que sea buena o se sienta bien.

+ Percibe tu conexión con Dios. Imagina tu alma llena de bondad y compasión. Siente un fuerte amor incondicional alrededor tuyo; se mueve de manera fluida. Permítele entrar en tu corazón. Este amor es más abundante y brilla con un color que nunca has visto antes; uno que sólo puedes sentir y no ver con claridad. Siente una sensación de euforia; está más allá de cualquier cosa que hayas sentido antes. Estás alegre y colmada de amor. Esto sólo puede ser Dios. Acepta la paz que Él te trae mientras tu cuerpo se convierte en un vehículo para su amor y su serenidad. Estas son sus bendiciones. Es posible que no quieras moverte por un rato. Siéntate en este Amor, permítele sanarte e ilustrarte.

# 10

# Armonía en el mundo de hoy

*¿Cómo lidiar con los desafíos diarios?*

**ANNA:** Al parecer hay más y más personas hoy abandonando sus religiones o combinando sus religiones con una espiritualidad que incorpora religiones occidentales y orientales. Por ejemplo, puede incluir el yoga como una forma de espiritualidad o el chamanismo, etc. ¿Qué piensas de esto?

**MARÍA:** Si este movimiento hacia la colectividad y la unidad espiritual incorpora la compasión y se esfuerza por la paz individual al igual que la de otros, es bueno. Mientras la máxima gratitud vaya hacia Dios, es bueno. La gente necesita ejercer precaución acerca de elevar al maestro. Todas las personas son iguales; sólo Dios está por encima de todos. Sin embargo, si el maestro no está acentuando su ego y la gratificación de sí mismo al difundir la Palabra de Dios, el maestro es bendecido por traer la luz.

**ANNA:** ¿Cómo podemos hoy incorporar la Biblia, el Corán o cualquiera de los otros libros sagrados que se escribieron hace miles de años?

MARÍA: No busques una interpretación intelectual de estos libros, sino más bien un entendimiento del Amor que habla a través de la palabra escrita. En estos textos el mensaje es amor, paz y compasión para todas las personas. Si se siguen estas palabras, incluidas en otros libros sagrados, las personas encontrarán paz interna y paz unos con otros. Además, las palabras y el sentir de Dios es amor, no discriminación, prejuicio, arrogancia o dominio. Si la interpretación se enfoca en la ira y la destrucción de personas y naciones, no proviene del Creador de todas las personas.

ANNA: ¿Cómo balanceamos un Dios moderno con el Dios que se describe en la Biblia, dado que fue escrita hace más de tres mil años? En otras palabras, ¿cómo decidimos cuáles partes de la Biblia aceptar literalmente y cuáles aceptar figurativamente?

MARÍA: Mi querida, esta es una pregunta que requerirá de muchas discusiones para tener una respuesta completa. En todos los libros sagrados hay muchas interpretaciones de las palabras escritas. Los libros sagrados fueron escritos por hombres, afectados por sus culturas y la época en que existieron en la tierra. Piensa en lo que estaba ocurriendo históricamente en el momento que estos pasajes se escribieron. Algunas de las normas de aquellos días pueden no ser relevantes o aplicables al mundo actual. A través de los siglos las culturas han cambiado, pero la Palabra de Dios es tan relevante hoy como cuando se escribió por primera vez. No todos los pasajes se aplican a las personas en tu mundo, pero la Biblia contiene la verdad. Además, hay muchos pasajes que son figurativos para dar ejemplos de cómo vivir de acuerdo con la voluntad de Dios. Debes saber que las partes que se aceptan literalmente hablan de justicia, verdad, amor, perdón y paz. Según leas, usa la inteligencia y el corazón para descifrar la Verdad. Si vives siguiendo el amor del que se habla en estos libros, estarás haciendo lo correcto y Dios estará complacido. Los libros sagrados no están obsoletos; el mundo todavía está evolucionando y los libros todavía contienen la Verdad de Dios.

**ANNA:** Muchas personas se refieren a Dios como "el poder que existe" o como "el universo". ¿Es correcto referirse a Dios en esta forma?

**MARÍA:** Hija mía, he dicho que Dios no es una persona y es el gran "Yo Soy". La gente lo personifica porque se le hace más fácil y tiene más sentido lógico que la gente se conecte con una persona que con una entidad invisible. Llamar a Dios el "poder" o "el universo" está bien porque él es ambas cosas. ¡A Dios lo que le interesa es que lo llamen! El quiere que todos vengan a él.

**ANNA:** ¿Hay energía en nuestros pensamientos?

**MARÍA:** Sí… tus pensamientos tienen energía como la tiene también tu ser físico. Tus pensamientos afectan los pensamientos de personas en todo el mundo. Eres un ser de energía en todo sentido. De este modo, ¡Dios lo hizo todo perfectamente! Hay muchas maneras de compartirte con otros.

**ANNA:** Eso es fenomenal cuando pienso en eso. ¡Ahora estoy pensando a un nivel global! En décadas recientes la medicina oriental ha florecido. ¿Debemos abandonar la medicina newtoniana del occidente y enfocarnos en prácticas orientales, como el Reiki, en que estamos esencialmente trabajando con la energía de Dios?

**MARÍA:** Hay un lugar para ambas; la medicina convencional y la energía de Dios para ayudar a la gente a sanar. Estas prácticas llegarán a ser más y más prevalentes y utilizadas por más y más personas. Algún día, ambas trabajarán en tándem para sanar al más alto nivel… curando las partes físicas, emocionales y del alma de la gente. La energía sanadora de Dios está a tu alrededor y ha existido siempre. Dios puede sanar y lo hace a través de la gente. Hay muchas historias acerca de las muchas personas que mi hijo sanó. La energía abandona su cuerpo físico para sanar a otros. Hay una historia acerca de una mujer que viajó muchas millas para estar con Jesús y ser sanada. Había estado sangrando durante doce años sin poderse curar. Le tocó el manto a Jesús con fe y fue sanada de inmediato. Inmediatamente Jesús se percató de que el poder de Dios había salido de él. Se volvió en la multitud y preguntó: "¿Quién ha tocado mis vestidos?". La mujer, sabiendo lo que le había ocurrido, vino y se desplomó a sus pies y, temblando del miedo, le dijo toda la verdad. Él le dijo: "Hija, tu fe te ha hecho salva; ve en paz, y queda sana de tu azote" (Marcos 5:21–43, Mateo 9:18–26, Lucas 8:40–56). Esta historia no es solamente de fe, sino que muestra que mi hijo sintió que la energía salía de su cuerpo. Tal es el caso con quienes trabajan con la energía de Dios hoy. Cada persona tiene esta energía. Son aquellos que la reconocen como la energía de Dios que ayudarán a mucha gente. Es una función de amor; el deseo de ayudar.

ANNA: Y esto es seguido con las Sagradas Escrituras que dicen: "Y yendo, predicad, diciendo 'El reino de los cielos se ha acercado'. Sanad enfermos, limpiad leprosos, resucitad muertos, echad fuera demonios; de gracia recibisteis, dad de gracia". (Mateo 10:7–8).

MARÍA: ¡Sí, sí, sí! La proclamación es actuar de pura fe como lo hizo mi hijo, reconocido como el más grande sanador por personas que no son sólo cristianas sino de todas las religiones. ¡Actúen como él actuó y cúrense unos a otros! Recuerden, para aquellos que están trabajando con la energía y la vibración de amor para sanar, toda la gratitud y el honor debe ir a Dios. Cada persona lleva esta energía sanadora pero es en la conexión con Dios que pueden ocurrir los milagros. Y la frase "El reino de los cielos se ha acercado" se refiere a la esencia viva y vibrante de la Divinidad y el reino de Dios en todas y cada una de las personas. Cuando esta energía se comparte, la curación y el amor llegan no sólo a la persona que está pidiendo que la curen sino a la que trae la energía de Dios.

**ANNA:** Entre las más populares técnicas médicas que se utilizan hoy está el Reiki, que afirma que mueve la energía Divina innata al lugar en donde la persona más necesita sanar. Claro, yo entiendo que es posible que esta energía no siempre cure a la persona que está procurando sanar. ¿Qué piensas de eso?

**MARÍA:** Siempre y cuando la persona que está haciendo el trabajo reconozca que es un vehículo a través del cual fluye la energía, es bueno y justo. Todo honor y gloria por las curaciones van hacia Dios. Y sí, cuando se admite que esta energía tiene inteligencia Divina, la energía se desplaza hacia donde está la persona que más necesita curarse, siguiendo la determinación de Dios. El Reiki es fenomenal y es un regreso a muchas de las maneras antiguas de sanar. Mucho de lo que se está viendo en el mundo hoy es un llamado a las antiguas maneras de sanar que estaban conectadas con Dios en lugar de la ciencia como una forma de sanar. Sin embargo, la ciencia tiene su lugar; existe una razón por su existencia. Como dije antes, las dos deben combinarse para sanar realmente a todos los niveles.

**ANNA:** Hay tantas historias de milagros en todos los libros sagrados de todas las religiones, pero no se oye hablar mucho de milagros que estén ocurriendo hoy. ¿Son los milagros una cosa del pasado?

**MARÍA:** Hija mía, ¿qué es un milagro? Eso es lo que tienes que preguntarte. Toma conciencia de todo lo que te rodea. ¡Abre los ojos y verás muchos milagros! Las complejidades del cuerpo humano ilustran lo que es un milagro. Despertar por la mañana y ver un hermoso día bañado por el sol es un milagro. Oraciones contestadas, grandes y pequeñas, son milagros. El nacimiento de un hijo es un milagro. ¡Despierten! Observen sus vidas y verán pequeños milagros todos los días. Entiendo que la gente busca los milagros más espectaculares para validarlos; tal vez una montaña moviéndose, o alguien caminando sobre el agua. Estos milagros todavía ocurren y existen con la misma certeza con la que tú existes; sólo porque tú no los hayas visto no quiere decir que no han ocurrido. Si reconoces y aceptas los milagros que ya están ocurriendo en tu propia vida y en las vidas de los que te rodean, entonces verás más milagros.

ANNA: Supongo que es simplemente una cuestión de percepción y cuando estamos ocupados estamos ciegos a mucha de la belleza que ya nos rodea. Estoy pensando también en la idea de la paz. ¿Qué es realmente? ¿La ausencia de guerra?

MARÍA: La paz existe en comunidades y a un nivel global y también en nosotros mismos. No es solamente la ausencia de guerra entre naciones sino la ausencia de guerra dentro de cada persona individual.

ANNA: ¿Cómo podemos resolver estas "guerras" dentro de nosotros?

MARÍA: Oren y traigan a Dios a sus vidas. La paz nos llega de muchas maneras. Reconociendo y renunciando a mucho de lo que el ego desea, y reenfocándonos en nuestra alma y en la llama de Dios dentro de nosotros, hallaremos paz. Sé que esta es una de las cosas más difíciles de hacer. Al echar a un lado los deseos de naturaleza material, se produce internamente una sensación de contentamiento, y la paz fluirá. La paz también nos llega cuando la mente está libre de preocupaciones causadas por alguna tragedia, cuando nuestras emociones están calmadas y cuando estamos libres del miedo y de la ira. La paz viene también cuando abandonamos nuestros apegos y somos indiferentes al triunfo o al fracaso. La paz aparece también cuando sabemos quiénes somos, como entidad de carne y hueso y como alguien de energía, luz y alta vibración. Una vez que conozcas la paz, conocerás la verdadera alegría.

**ANNA:** Suena tan maravilloso, pero honestamente no estoy segura de que es algo realizable.

**MARÍA:** Sólo es inalcanzable si tienes miedo de renunciar a lo que "piensas" que te satisface. Los objetos materiales te traen una alegría momentánea, pero la felicidad permanente viene de Dios. Encontrar paz no significa que uno necesita vivir en la pobreza o rechazar las cosas materiales del mundo, sino más bien sentirse satisfecho con lo que uno tiene. No hay nada malo en esforzarnos por tener más, pero no puede ser la razón primaria de la existencia. El deseo de tener más dinero y más cosas es una distracción de Dios que causa problemas cuando es el foco de la vida. Esfuérzate por más elementos espirituales y haz que Dios sea tu punto de enfoque.

**ANNA:** ¿Cómo podemos separarnos de nuestras desgracias y fracasos?

**MARÍA:** Mi querida, simplemente no puedes y no debes. Es admitiendo estas desgracias y fracasos que logras entender que en realidad no existen sino que son simples consecuencias de tus acciones. Aprendes de ellos. La prueba está en cómo reaccionas a las cosas que no te resultan exactamente como tú deseas. Percibiendo el fracaso como una experiencia instructiva y creyendo que Dios proveerá otros medios para llegar a la felicidad, comienzas a ver cómo funciona la verdadera fe y qué es lo que hace falta para encontrar paz. Si te consumen los éxitos y los fracasos, nunca podrás encontrar paz. Lo que ocurrirá es que el miedo y la ansiedad te paralizarán. Sin embargo, si te mueves con la corriente de la vida sabiendo que Dios se está moviendo contigo y mostrándote lo que te traerá la alegría máxima, tendrás paz. Si no diriges tu ira y autorecriminación a ti misma y a los demás, tu alma estará calmada y llena de paz. ¡Qué maravillosa es esta paz interna! Cuán maravilloso sería no sentir la necesidad de estar mejor sino reconocer que eres buena y justa con Dios.

ANNA: Si encontramos este lugar de paz dentro de nosotros, ¿será contagioso para los demás?

MARÍA: Si tienes paz, no reaccionarás en forma negativa hacia los demás. Al contrario, estarás llena de compasión hacia los demás. Reconocerás que lo único que tienes que ganar de los demás es amor y nada más. Ninguna otra cosa importa. Verás a la gente como es realmente. Verás a los que están quebrantados y tal vez quieras ayudarlos. También podrás identificar a los que están alumbrando el mundo y se sentirán atraídos por ti.

ANNA: Usas la palabra *atraer*. ¿Atraemos a ciertas personas hacia nosotros?

MARÍA: Sí. Tu energía busca a los que te enseñarán, que te ayudarán a encontrar la paz dentro de ti, que te guiarán y también te ayudarán a aprender en tu jornada por la vida.

ANNA: Y, sin embargo, siento que a veces atraemos a personas que nos pueden lastimar o que no nos traen alegría.

MARÍA: Sí, a veces atraerás a los que ofrecen una relación desagradable. Y no obstante te ayudarán a crecer como un alma y como persona. Sé agradecida por las relaciones en tu vida. Estaban destinadas a ser y, en un final, si aprendiste de ellos, la relación traerá paz.

ANNA: ¿Pueden otras personas robar paz de quienes la han logrado?

MARÍA: Hija mía, si tu paz viene de la más alta fuente, nadie te la podrá robar. Puedes compartir tu paz y mostrarle a los demás, mediante tus acciones y palabras, cómo alcanzarla. Nadie puede dar paz; viene de lo más profundo. Oro por que toda la humanidad encuentre esta paz dentro de ellos. A través de esta paz y la aceptación de quiénes son, no habrá necesidad de reñir entre ustedes.

ANNA: ¿Puede la paz interior existir sin la paz global?

MARÍA: Una guía a la otra. Si la gente encuentra paz dentro de ellos mismos, eso inspira aceptación de quiénes son como seres humanos y como almas. Una vez logrado esto con un individuo, esa persona dejará de juzgar o mostrar antagonismo hacia otras personas, lo cual inspira una conducta similar en otros, y finalmente se disemina entre familias, comunidades y naciones en todo el mundo.

ANNA: Varios reportajes a través de los años describen estatuas de María derramando lágrimas. ¿Qué significa esto?

MARÍA: Yo lloro por el mundo. Lloro por el dolor y el sufrimiento del que soy testigo. Lloro por la falta de paz y amor y compasión entre todas las personas. Lloro por ustedes individualmente y colectivamente. Mis lágrimas se derraman por los que no pueden oírme y se alejan de Dios.

ANNA: ¿Cómo podemos ayudar a los que no están oyendo tus mensajes?

MARÍA: Ora por el mundo y por todos sus habitantes; los que están llenos de amor y los que están llenos de odio y abrigan maldad para destruir. No juzguen y condenen sino oren por su salvación. Estas personas no conocen el amor, la paz o siquiera la alegría. Ora por que cesen sus acciones que hieren y destruyen a otros. Difunde la palabra en pequeñas y pacíficas maneras para que el mundo pueda salvarse no en guerra sino en un abrazo.

ANNA: ¿Puede el mundo salvarse realmente? ¿Pueden las guerras ver su fin? ¿Podremos alguna vez tener paz?

MARÍA: Estoy aquí para decirte que si te enfocas en la bondad del Señor y la tuya; y ves la conexión entre todas las personas, puede lograrse. La lucha debe ser por la armonía y la paz, no el poder. La gente del mundo necesita expresarse a favor de esta paz y amor, y orar. Hay tanto que no puede controlarse, aunque en oración se manifestarán la disminución del temor, de la ira y del poder. Lo he dicho y lo repito: oren, oren, oren.

ANNA: Para cambiar ligeramente de tema, es difícil para un padre o una madre disfrutar de una paz total. ¿Cómo no preocuparnos por nuestros hijos? Madre, ¿puedes darnos alguna luz?

MARÍA: Como padres, quieren controlar a sus hijos a fin de protegerlos de alguna manera. Escúchenme: Ustedes no pueden controlar a otra persona, tal como Dios no puede tampoco controlar las acciones de nadie. Es por eso que yo, la madre, les imploro que presten atención a mis palabras. Yo no puedo controlarlos a ustedes, puedo simplemente dirigirlos. Pueden hacer lo mismo con sus hijos. Pueden criar a sus hijos y enseñarles los caminos de Dios. Pero debes entregárselos a Dios como personas y almas para su bienestar.

ANNA: Esto me recuerda un pasaje de *El Profeta* de Kahlil Gibran, donde habla que nuestros hijos no son nuestros hijos, que son hijos e hijas de la añoranza de la Vida; que vienen a través de nosotros pero no son de nosotros y no nos pertenecen. ¿Estás de acuerdo con esto?

MARÍA: Es cierto y sus palabras son perfectas. Si puedes seguir esto, no sólo encontrarás paz tú sino también tus hijos y los hijos de tus hijos. Debe comenzar a aplicarse esta profecía.

ANNA: ¿Qué pasa si todos encontramos esta paz de la que hablas?

MARÍA: Si ustedes todos encuentran paz, entonces todos encontrarán amor. Si esto ocurre, las puertas del cielo se abrirán y mi tarea estará hecha. Ay, es mi más grande oración. Dios desea compartir su luz completamente con ustedes y con todo el mundo. Puede lograrse.

ANNA: Madre, con todo lo que has compartido con nosotros... ¿Qué podemos hacer para salvar a la humanidad y hacer de este mundo un mejor lugar?

MARÍA: Todos mis hijos deben reconocer que llevan consigo la verdadera esencia de la Divinidad y compartir la más alta vibración. En esa Divinidad debes expresar y vivir la Verdad de todo lo que es.

ANNA: ¿Cuál es la Verdad?

MARÍA: La Verdad es reconocer que ustedes todos son seres de Amor. La Verdad incluye compartir estas características en común unos con otros. Ustedes no son seres físicos sino más bien seres de luz. Ustedes son almas. No dejen que el miedo y la ilusión los confundan. Con frecuencia, pueden ver sólo lo que quieren ver; abran los ojos a lo desconocido. ¡Despierten, hijos míos! Vean a Dios como todo lo que es bueno. Vivan la Verdad del Amor y el mundo volverá a nacer. El Amor conduce hacia todo lo que es bueno y justo. Nos lleva a Dios.

ANNA: ¿Pero cómo puede una sola persona o unas pocas personas cambiar el mundo entero?

MARÍA: Cuando una persona despierta y comienza a abrir su corazón y hablar la Verdad desde el corazón, millones pueden ser afectados. Esta sola persona ilustra a otra, que habla con otra, y así sucesivamente hasta que se construya una gran fortaleza de paz y justicia y todos estén progresando hacia el Amor. ¡Abran los corazones y dejen que sean ellos los que hablen! Dejen que el miedo se aleje y dejen que se extienda el amor para ti y para otros. Ustedes afectarán y tocarán a multitudes de personas.

ANNA: ¿Cómo puedo amarme mejor?

MARÍA: Debes atesorar la mente, el cuerpo y el alma con la que te han bendecido. Debes adorar el Amor que llevas dentro y nunca dejar que el miedo te descarríe. Encarnas a Dios y eso en sí demanda y comanda amor. No restrinjas tu bondad, déjala fluir y alcanzar el mundo. Sé valiente y habla la Verdad.

ANNA: ¿Y qué de las enfermedades que tanta gente padece? ¿Pueden nuestras oraciones ser contestadas?

MARÍA: Por supuesto. Debes orar por el fin del sufrimiento. El mundo se creó puro y sin enfermedades ni males. La humanidad ha contaminado y destruido el medio ambiente. El aire que respiras y el agua que bebes se ha contaminado y de ahí surgió la enfermedad. Puedes orar y actuar en oración. La gente debe luchar por leyes que respeten y mantengan limpio el planeta. Tus nietos sufrirán mucho si no se purga el planeta de los venenos que infectan el suelo y el aire. Debes actuar a fin de detener las enfermedades. Sin embargo, recuerda siempre que los humanos viven para un día pasar por la vida y vivir en el reino. El regalo de la vida es finalmente la muerte y renacer en el reino. No llores por aquellos que fallecen; regocíjate porque ellos están con Dios. Están en paz.

ANNA: ¿Continuarás orando por el mundo?

MARÍA: Hasta el último segundo.

ANNA: ¿Viene pronto ese día?

MARÍA: Pronto es relativo… Ora por la paz; ora por el cielo sobre la tierra. No está escrito cuándo será.

ANNA: Mucho de lo que has dicho en nuestra conversación se remonta a conectar contigo, con Dios, y con el cielo a través de la oración. Entiendo que a través de la oración el mundo puede cambiar, pero la oración es un acto pasivo.

MARÍA: La oración es pasiva y activa. Comienza en tu corazón y alma, y promueve una conexión con el gran Amor que conduce a un despertar de la Verdad y la ilustración. Cuando uno despierta, el miedo se echa a un lado y la oración se vuelve activa. La gente comienza a practicar más compasión y bondad. Van desde la lucha por el poder a vivir en la energía del que siempre ha tenido el poder. Como mencioné antes en nuestra conversación, la oración pasiva conduce a la oración activa y tu vida diaria se convierte en una oración. ¿Entiendes?

ANNA: Entiendo. Continuaré orando… Madre, has dicho que toda alabanza y gloria vaya a Dios. Reconozco que Dios es el Todopoderoso y el que merece la alabanza. Pero yo te amo a ti. ¿Es incorrecto adorarte?

MARÍA: Hija mía, no es incorrecto adorarme, pero recuerda que Dios me creó a mí y todo lo que es. Dios es el que más merece y al que debe dirigirse toda alabanza y honor… Ámame, adórame como tu madre que te trae a Dios, el supremo ser. Vengo a traerte la energía y la vibración del amor de Dios. ¡Escucha mis palabras y alaba a Dios!

ANNA: Sé que voy a tener muchas más preguntas según avanza mi vida. ¿Puedo acudir a ti y hacerte preguntas?

MARÍA: Hija mía y todos mis hijos, como he dicho, siempre estaré a su disposición. Invito a todas las personas a que acudan a mí y oren conmigo. Deseo estar con todas las personas y orar con todos. Recuerden, nadie nunca está solo.

ANNA: Con un corazón sincero y desbordándose te doy gracias por compartir tus mensajes conmigo y el mundo. Madre, sé que hablo en nombre de muchas personas cuando digo: "Te amo".

MARÍA: Sé que hablas en nombre de muchos y por eso te estoy agradecida. Amo a todos mis hijos y continuaré orando con ustedes y por todos. Oro por tu alegría, paz, conexión con el gran Amor, y por un mundo lleno de este Amor y paz. Se puede. Te ruego que ores, ores y ores, y que camines de la mano de la vibración de Dios. Quiero que sepas que, sobre todas las cosas, estás hecha de Amor, existes con Amor y eres el más grande Amor. Amén.

## Meditación para el capítulo diez

+ Cierra tus ojos suavemente y respira. Pídele a los ángeles que te rodeen en un brillante círculo de luz, amor y protección. Imagina una columna de luz del cielo situándose encima de tu cabeza, esparciéndose a través de tu cuerpo y anclándote al centro de la tierra. Siente esta maravillosa luz subiéndote por la columna vertebral desde la punta de los dedos del pie. Permite que el cuerpo se relaje mientras te concentras en la respiración. Fíjate cómo tu pecho sube y baja mientras aspiras todo lo que es bueno y justo en el universo. Sé consciente de que te estás llenando los pulmones con la respiración Divina de Dios. Imagina tu respiración como una ola suave que se mueve de atrás hacia adelante. Sientes el cuerpo relajarse cada vez que exhalas mientras dejas ir el estrés, la negatividad y todo lo demás que no te sirve. Sé consciente de esta sensación maravillosa. Es realmente un regalo permitir relajación y paz en tu mente, cuerpo y alma.

+ Permite que la energía de María, de su amor y paz, entre a tu cuerpo cada vez que inhalas. Exhala todo el estrés, la ansiedad, la ira, la animosidad, la autorecriminación y todo lo que se atraviese en el camino que te conecta con el cielo. Según te muevas hacia este lugar magnífico de relajación total, comienza a sentir una sensación de paz que se mueve a través de tu cuerpo. Es una sensación maravillosa. Disfruta esta paz y relájate. Según continúas sintiendo que tu pecho sube y baja al respirar, imagina que hay una sedosa luz azul pálida rodeando tu cuerpo. Sientes su vibración suave dando vueltas alrededor tuyo, alertándote y llenándote los sentidos. Simplemente permítete existir. Date cuenta de que es buena. Deja que esta vibración te abrace suavemente. Reconoce que esta vibración es la Madre María. Permite que su cálida presencia desplace el foco de tu respiración hacia el suave palpitar del corazón.

◆ Visualiza el corazón creciéndote en el pecho al permitirle entrar. Mira cómo el suave color azul circula alrededor tuyo y facilita la entrada en tu cuerpo físico y en tu corazón. Imagina que tu ser completo se extiende hacia ella, para ser parte de ella. Al permitir que la suave luz azul te llene el corazón, reconoce que María y tú se están mezclando enérgicamente, fundiéndose en una única esencia. Deléitate en saber que estás vibrando con su energía. Al respirar, comienza a sentirla a ella más y más y permítete ir a una mayor profundidad. Ahora imagina un espacio claro, libre de pensamiento, y permite que tu respiración deambule en silencio. Visualiza a María de pie delante de ti; cualquier imagen que funcione para ti será adecuada. Ella puede continuar teniendo el color pálido azul o ser un sentimiento, o tal vez quieras personificarla. Cualquier cosa que sea buena o se sienta bien.

• Obsérvate sentado en un círculo con muchas personas sobre una hierba muy verde, bajo un brillante sol anaranjado. Siente los cálidos rayos sanadores acariciándote la cabeza y el cuello. La sensación es maravillosa. Notas y reconoces la energía azul de María viniendo hacia ti. Imagina a María alargando su brazo hacia el cielo y dejando que la curación de Dios la colme. Ella entonces extiende su energía hacia ti y te toca el cuerpo, permitiendo que la energía se dirija hacia donde más se necesita; donde Dios desea que vaya. Siente esta energía moviéndose a través del cuerpo y de tu campo de energía y se asiente según avanza. Siente la cálida energía y la serenidad que te trae. Imagina que te vuelves hacia la gente extendiendo tu brazo para tocarles el corazón. Sientes la energía de María, que continúa moviéndose a través de tu cuerpo, moviéndose para entrar en las manos y el corazón de la gente. Observa a estas personas volverse hacia la derecha y tocarles el corazón hasta que la energía sanadora corra libremente alrededor del círculo. Siéntate en esta energía, siéntela y agradece la curación. Reconoce tu conexión con los demás en el círculo y nota el innegable sentimiento de esperanza en el futuro. Dale gracias a Dios por su bondad mientras continúas sintiendo cómo circula esta energía.

# EPÍLOGO

María pertenece a todas las personas. Ella es la madre de la humanidad y viene a derribar barreras, no a erigir más división entre la gente. Sus palabras a través de este libro se dirigen a todas las personas de cada nacionalidad y denominación religiosa. Puede que no estés de acuerdo con todo lo que ella dice, pero ella habla para reparar un mundo roto y para proveer un bálsamo sanador de amor para todos.

Debemos cambiar nuestra visión del mundo y ayudar a traer el Amor hacia el frente. Confío en que las palabras de María te inculquen la motivación para hallar una manera de ayudar a fomentar paz en el mundo practicando la compasión y el amor para ti y tu prójimo. Si cada uno de nosotros mueve un pie en esa dirección, confío en que el mundo puede cambiar y cambiará. Paso por paso.

Y es así que mi oración para ti es que escuches y sientas las palabras que María me ha dicho en este libro. Oro por que sientas su amor con la misma fuerza con la que yo escribí sus respuestas. Tal vez ese sea mi pedazo del cielo. Deseo mucho compartir ese sentimiento contigo y verdaderamente creo que si cierras los ojos y le pides que venga a tu corazón, que permitas a tu corazón sentir, que si derribas tus propios muros, tú también puedes tener tu propia conversación con la Madre María.

Ora, ora, ora.

## PREGUNTAS CANDENTES A UNA MARÍA MODERNA

ANNA: ¿Deben casarse los sacerdotes si así lo desean?

MARÍA: Los hombres que siguieron a Jesús estuvieron casados antes y después de su muerte.

ANNA: Discutes esto en el capítulo cinco. ¿Existe una religión "correcta"?

MARÍA: Hay muchos caminos que conducen al cielo. No existe uno en particular que sea el "correcto". Siempre y cuando la religión promueva el amor y la compasión hacia toda la creación, es correcta.

ANNA: ¿Es un pecado el matrimonio entre personas del mismo sexo?

MARÍA: ¿Qué es el pecado? Cuando hay amor entre dos personas no puede ser malo.

ANNA: ¿Cuál es tu opinión acerca del terrorismo moderno?

MARÍA: Siempre ha habido guerras y atrocidades. Mi opinión acerca del terrorismo moderno no es diferente de mi opinión sobre actos de guerra anteriores. El mundo necesita orientarse hacia Dios para que esto termine. Ora.

ANNA: ¿Cuál es tu opinión acerca del racismo tanto en los Estados Unidos como alrededor del mundo?

MARÍA: Todos somos uno ante los ojos del Creador. No hay lugar para ningún tipo de opresión basada en género, raza, religión o nacionalidad.

ANNA: ¿Y sobre la desigualdad de género y la opresión de las mujeres a nivel global?

MARÍA: Mi respuesta es similar a la anterior. Todos somos uno ante los ojos del Creador. Los humanos no deben tenerle miedo al cambio. El temor genera temor. Los hombres y las mujeres necesitan verse mutuamente en condiciones de igualdad para poner fin a la desigualdad y la opresión.

ANNA: Sé que mencionaste esto en el capítulo siete, ¿pero puedes dar más detalles de tu sentir sobre las oraciones en la escuela?

MARÍA: Que toda la gloria sea para Dios en la escuela y fuera de la escuela. Ora, ora, ora y dale gloria a Dios dondequiera que estés de la manera que te resulte mejor.

ANNA: ¿Cómo te sientes acerca de la actual crisis de refugiados?

MARÍA: Me parte el corazón. La compasión debe prevalecer.

# AGRADECIMIENTOS

Dios ha sido muy bueno conmigo en esta jornada. Me ha enseñado directamente a través de mis propias experiencias, y a través de las experiencias de las almas que él me ha traído. Ellos han sido y continuarán siendo mis diamantes; joyas que el dinero no podrá comprar jamás. Estoy tan agradecida de tantas personas.

Primeramente de mi amada María. Ha sido un honor haber sido su pluma. Este libro es pura energía. Está lleno de su amor y de su voz verdadera. Espero que hayan podido sentir su energía como yo la siento.

A mi esposo, Vinny, cuya paciencia y apoyo durante los días que me tomó para que este libro cobrara vida fue la respuesta a una oración silente. Estoy tan agradecida de tenerlo en esta vida como mi compañero. A mis hijos, Matthew y Joseph, que son mis mejores maestros. Son verdaderamente magníficos y su existencia me ayuda a entender el amor maternal de María. Aparte de los libros que escribo, estoy muy agradecida de ser su mamá.

A mis editoras en Atria Books, Judith Curr y Johanna Castillo. Creo honestamente que María, a su manera, me trajo a ellas, pues ella sabía que ellas la escucharían. Ellas reconocieron de alguna manera que este libro necesitaba publicarse y llegar a tus manos. A Suzanne Donahue, editora asociada en Atria, quien fue mas allá de lo posible para asegurarse de que los mensajes de María se escucharan. Ellas han sido socias verdaderamente especiales en este esfuerzo y les estoy profundamente agradecida. Gracias a mi editora, Wendy Ruth Walker, quien meticulosamente editó palabras y organizó ideas mientras yo escribía sin límites. Y a Gibson Patterson, quien me ayudó con las redes sociales, y Emi Battaglia, mi maravillosa relacionista pública. Ellos, con las maravillosas personas de Atria, ayudaron a presentarme a mí y a este libro al público.

A Carrie DiRaffaele Silverstein, cuya ayuda durante este proyecto fue más allá de la amistad. No solamente me ayudó a editar, sino que cuando yo me sentía abrumada con las palabras que María expresaba, me dio más impulso.

A mis padres, Patrick y Frances Acquafredda, quienes me permitieron crecer sabiendo que mis experiencias eran reales. Muchas veces, los padres descartan las visiones e intuición de sus hijos y les impiden ir detrás de sus almas. Mi alma pudo florecer porque mis padres aceptaron mi don.

A mi grupo de apoyo, las damas con las que viajé a Medjugorje, y mi grupo de Rosario: Monika Sywak, Tricia Riccardi, Iris Farmer, Carrie DiRaffaele Silverstein, Maria Teresa Ruiz y Susan Reid. El entusiasmo de ellas con este libro era tangible e inspirador. A Nancy Pantoliano, Amy K. Russell e Isabelle Bell, quienes han sido mis mayores entusiastas desde que comencé mi trabajo espiritual y continúan siendo una fuente constante de energía positiva. A mi amiga y peluquera, Kathleen McEntire, quien siempre está presente con un cepillo y un secador de pelo para embellecerme antes de cada evento. ¡Eres una maga! A Debora y Vincent Rosa por sus horas de trabajo con las gráficas de mi sitio web según emergía el libro. Deb y Vin presentaron, en tiempo récord, lo que había que hacer. Ustedes me alentaron a seguir escribiendo, hablando en público, enseñando y compartiendo.

A todos mis clientes que he tenido el privilegio de dedicarles tiempo a través de los años. Ustedes me han ayudado a expandir mi don y, a su vez, me han enseñado tanto.

Y a todos los demás que me han ayudado en esta jornada. Me siento verdaderamente bendecida.

# CONVERSACIONES
## con
# MARÍA

## ANNA RAIMONDI

*Guía para grupo de lectura*

En las próximas páginas hay algunas preguntas para presentar en una reunión de un grupo de lectura. María sintió que la siguiente meditación podría guiar a los lectores en un debate.

# Meditación para
## abrirte el corazón y la mente

✦ Cierra tus ojos suavemente y respira. Pídele a los ángeles que te rodeen en un brillante círculo de luz, amor y protección. Imagina una columna de luz del cielo situándose encima de tu cabeza, esparciéndose a través de tu cuerpo y anclándote al centro de la tierra. Siente esta maravillosa luz subiéndote por la columna vertebral desde la punta de los dedos del pie. Permite que el cuerpo se relaje mientras te concentras en la respiración. Fíjate cómo tu pecho sube y baja mientras aspiras todo lo que es bueno y justo en el universo. Sé consciente de que te estás llenando los pulmones con la respiración Divina de Dios. Imagina tu respiración como una ola suave que se mueve de atrás hacia adelante. Sientes el cuerpo relajarse cada vez que exhalas mientras dejas ir el estrés, la negatividad y todo lo demás que no te sirve. Sé consciente de esta sensación maravillosa. Es realmente un regalo permitir relajación y paz en tu mente, cuerpo y alma.

✦ Permite que la energía de María, su amor y su paz, entre a tu cuerpo cada vez que inhalas. Exhala todo el estrés, la ansiedad, la ira, la animosidad, la autorecriminación y todo lo que se atraviese en el camino que te conecta con el cielo. Según te muevas hacia este lugar magnífico de relajación total, comienza a sentir una sensación de paz que se mueve a través de tu cuerpo. Es una sensación maravillosa. Disfruta esta paz y relájate. Según continúas sintiendo que tu pecho sube y baja al respirar, imagina que hay una sedosa luz azul pálida rodeando tu cuerpo. Sientes su suave vibración dando vueltas alrededor tuyo, alertándote y llenándote los sentidos. Simplemente permítete existir. Conoce que es buena. Deja que esta vibración te abrace suavemente. Reconoce que esta vibración es la Madre María. Permite que su cálida presencia desplace el foco de tu respiración hacia el suave palpitar de tu corazón.

+ Visualiza el corazón creciéndote en el pecho al permitirle entrar. Mira cómo el suave color azul circula alrededor tuyo y facilita la entrada en tu cuerpo físico y en tu corazón. Imagina que tu ser completo se extiende hacia ella. Al permitir que la suave luz azul te llene el corazón, reconoce que María y tú se están mezclando enérgicamente, fundiéndose en una única esencia. Deléitate en saber que estás vibrando con su energía. Al respirar, comienza a sentirla a ella más y más y permítete ir a una mayor profundidad. Ahora imagina un espacio claro, libre de pensamiento, y permite que tu respiración deambule en silencio. Visualiza a María de pie delante de ti; cualquier imagen que funcione para ti será adecuada. Ella puede continuar teniendo el color pálido azul o ser un sentimiento, o tal vez quieras personificarla. Cualquier cosa que sea buena o se sienta bien. Pídele que te abra el corazón, la mente y el alma para encontrar las respuestas que sean justas y perfectas para ti.

# PREGUNTAS DE DISCUSIÓN PARA EL CLUB DE LECTURA

1. ¿Cuál fue la información sobre María que más te impactó?

2. María habla de elevar la "vibración" del mundo. ¿Qué piensas que ella quiso decir con *vibración*? ¿Piensas que esto es posible?

3. Discutan el concepto de Maestro Ascendido. ¿Estás de acuerdo con que algún día todas las personas se convertirán en Ascendidos?

4. ¿Cuán dispuestas crees que están todas las personas para aceptar a la Madre María cuando ella ha sido considerada como la "Madre Católica" durante siglos?

5. La Madre María habla de cómo ella, los espíritus y los ángeles han estado presentes y continúan estándolo para ayudar a la gente. ¿Has tenido esta experiencia?

6. ¿Por qué piensas que María dice que la gente está lista ahora para recibir su mensaje de paz?

7. ¿Qué piensas que María quiere decir con la frase "escucha con el corazón"?

8. Anna le pregunta a María si puede haber curación mediante la oración. ¿Crees esto? ¿Has tenido esta experiencia?

9. Discutan la declaración de María: "No existe el destino; sólo las jornadas". ¿Crees en el libre albedrío?

10. ¿Qué piensas de la idea de que los humanos son "almas cubiertas"? ¿El alma como una "brújula"?

11. María habla de la reencarnación. ¿Has sentido alguna vez que has vivido antes en otra vida?

12. Se ha escrito mucho sobre María, y ha habido muchas interpretaciones de quién era ella y quién es para nosotros hoy. ¿Cómo piensas que *Conversaciones con María* es diferente de otros libros que existen en términos de su representación y su mensaje?

13. ¿Cómo te ha afectado este libro y tu conexión con otras personas y con Dios? ¿Te ha cambiado la vida en alguna manera?

# PREGUNTAS Y RESPUESTAS
## CON LA AUTORA

P: ¿Cuándo decidió que escribiría este libro?

R: Esta es una pregunta interesante. Para ser perfectamente honesta, la decisión fue de cierta manera tomada en mi lugar. Durante los últimos veinte años he renunciado al mayor control posible sobre mi vida. Por lo cual, las cosas ahora simplemente me caen en el regazo. He aprendido que tal como Dios abre puertas, yo simplemente necesito entrar por ellas. En este caso, conocí a alguien que me presentó a mi editora en Atria Books. Johanna y yo hablamos brevemente acerca de escribir un libro. Desde el principio discutimos que el libro fuera acerca de María. Siempre tuve en mente un libro acerca de María, por lo que tenía sentido para mí. Y así, con una breve sinopsis del libro, me reuní con los ejecutivos de Simon & Schuster y Atria, me dieron un contrato y comenzó la tarea de traer este libro a la luz.

P: ¿Tenía un plan para este libro?

R: Sinceramente no… Sabía que el libro sería María hablando; sus mensajes. Ese era realmente el único plan que tenía. No sabía por dónde empezar o cómo terminar. Si sería ella despertándome en medio de la noche, interrumpiendo mis pensamientos, o hablando cuando yo estaba frente a mi computadora. Dejé venir lo que ella tenía que decir. Yo no escribí este libro… fue María. Con el mayor cuidado escribí lo que ella me dictaba.

P: ¿Le interesaba todo lo que tenía que decirle?

R: No todo; a algunas cosas no le había dedicado mucho tiempo, como es el caso de la evolución. Ese tópico me tomó un poco por sorpresa. Yo era simplemente la escribana.

P: ¿Cuál es su proceso?

R: Antes de sentarme a escribir, oro y medito. Siento la presencia de María y comienzo a escribir. Ella a veces me daba las respuestas y entonces yo retrocedía para escribir las preguntas. A veces me daba ambas cosas.

P: ¿Cómo siente usted "su presencia"?

R: La energía de María es suave y fuerte a la vez, me sobrecoge. A menudo, el corazón me comenzaba a palpitar y las ideas comenzaban a inundarme la mente. La oigo a ella en mi mente de una manera organizada y persistente.

P: ¿La oye en su propia voz o en la voz de ella?

R: Porque ella está en espíritu y no es una aparición de pie frente a mí hablando, su voz es similar a la mía… Es más telepática. No sé cómo le habla a otros, pero esta es mi experiencia con ella.

P: ¿Cómo sabe que es ella?

R: Para mí, no hay duda de que es ella. Yo soy médium y me he comunicado con espíritus toda mi vida. Ella me llega como una cálida frazada. Su energía me envuelve y casi me entumece. Otros espíritus no tienen ese efecto en mí. Ella me hace sentir segura y cómoda cuando habla.

P: ¿Cómo sabes que no es un truco del Maligno?

R: Primeramente, como dije antes, oro antes de comunicarme con ella y por lo tanto estoy protegida. En segundo lugar, sus palabras son para ayudar, sanar y edificarnos. El Maligno quiere destruir. Siempre inculca inquietudes en la gente. Me siento completamente relajada y cómoda con ella. Ansío sus palabras y me emociono al escribirlas. A veces mis dedos no pueden mantenerse a la par con su dictado.

P: ¿Ha escuchado alguna vez a Dios?

R: Todos hemos escuchado a Dios. Él nos llega cuando estamos completamente en silencio. Dios es un sentimiento de un amor incondicional y puro. Cuando he sentido a Dios cerca, no quiero que se vaya. Es un sentimiento impresionante, lleno de compasión y muy difícil de explicar. Este sentimiento me sobrecoge, me paraliza y casi me entumece. Es un sentimiento de euforia y dicha. Sé sin lugar a dudas que cuando me siento así es que se trata de Dios. Sólo puedo decir que es una sensación diferente de como me siento cuando María me habla. Con María me da la impresión de que es amor pero también más conversacional. Espero que esto tenga sentido. Es difícil describirlo.

P: ¿Cómo podemos oír a María?

R: Hablen con ella, pídanle que venga a ustedes en cualquier manera que sea mejor para ustedes. Pídanle que ore con ustedes. Sientan la energía que les rodea.

P: Ahora que el libro está terminado, ¿va a continuar comunicándose con ella?

R: Por supuesto. Espero que por toda la vida.

P: ¿Qué espera que ocurra como resultado de este libro?

R: Espero y oro que la gente lea sus palabras y oiga todo lo que tiene que decir. Ella repite incesantemente que oren y que se amen unos a otros. Parece tan simple... quizá lo sea.

P: ¿Le ora usted a María?

R: Como ella dice, ella ora *con* nosotros cuando nosotros le oramos a Dios. Dios es quien contesta las oraciones. María es una fuerte intercesora de nuestras oraciones.

P: ¿Por qué necesitamos un intercesor? ¿Por qué no podemos orarle directamente a Dios?

R: Ustedes pueden. Ella dice que es un placer orar con nosotros y que puede consolarnos mientras oramos.

P: ¿Es este el fin para usted? ¿Qué va hacer ahora con la comunicación que reciba?

R: ¡Si pudiera, gritaría estos mensajes desde la montaña más alta! En este momento, seguiré hacia donde ella me guíe. Cuando Dios abra las puertas, entraré por ellas y le dejaré saber al mundo todo lo que oiga; tal vez pueda haber paz algún día cercano. ¿No es eso lo que queremos todos? Paz y amor... como era al principio, que sea así ahora, hasta la eternidad.